十住毘婆沙論

浄土論

（現代語版）

凡例

一、本現代語版について

㈠　この現代語訳は、『浄土真宗聖典（註釈版　七祖篇）』をもとに、『浄土真宗聖典全書』の本文等を参照して作成した。

㈡　本文のはじめに、内容についての解説を付した。

㈢　付録として、『十住毘婆沙論』『浄土論』親鸞聖人引用箇所訓点一覧、インド仏教史蹟略図を掲載した。

二、表記について

㈠　本文は、適宜改行を行い、また、利用の便宜をはかるため、『浄土真宗聖典（註釈版　七祖篇）』に準じて一連の番号を付した。

㈡　本文中の書名には『　』を付し、引用文等には「　」を付した。また「　」内の符号は〈　〉とした。

㈢　漢字は、原則として常用漢字を用い、従来、浄土真宗本願寺派で慣用されている「智、慧」等の漢字は残した。

㈣　送り仮名は、昭和四十八年六月の内閣告示（昭和五十六年十月一部改正）にもとづく現行の送り仮名法に従った。なお、現在の送り仮名の表記の傾向に鑑み、省略が許容されるものについては省略した。

㈤　振り仮名について

①　原則としてすべての漢字に振り仮名を付した。

②　読み方に揺れのあるものについては、（　）内のように表記した。

例　安楽国（あんらくこく）、神通力（じんずうりき）、法身（ほっしん）

三、註釈の種別と内容について

㈠　本文に施した註釈は、①脚註、②訳註の二種類である。

㈡　脚註は、とくに説明を必要とする語について、本文右傍に＊印を付し、本文下の欄外に示した。原則として＊印は各聖教の初出にのみ示した。

㈢　訳註は、従来の解釈の分れる箇所や、留意すべき重要な箇所について、本文右傍に※印を付し、巻末に本文の頁数を付して、まとめて掲載した。

目次

十住毘婆沙論《じゅうじゅうびばしゃろん》

（易行品《いぎょうぼん》第九《だいく》）

本書は、龍樹《りゅうじゅ》菩薩の著『十住毘婆沙論』（十七巻三十五品）の中から別出したものである。『十住毘婆沙論』は、『十地経《じゅうじきょう》』（『華厳経《けごんぎょう》』の「十地品」）をはじめとする諸大乗経典から、大乗菩薩道についての所説の要点をとりあげて解説したもので、「易行品」はその第五巻第九品にあたる。

「易行品」の内容を見ると、まず不退の位に至る道について、難行道《なんぎょうどう》と易行道の二種があることを示し、根機の劣った者に対して信方便《しんほうべん》易行《いぎょう》の法を説き与える。最初に恭敬心《くぎょうしん》をもって善徳《ぜんとく》等の十方十仏の名を称えることを易行の法として示し、『宝月童子所問経《ほうがつどうじしょもんぎょう》』の文を引用してその明証とする。つぎに問答を設けて、阿弥陀等の百七仏、毘婆尸《びばし》等の過去七仏、未来の弥勒仏《みろくぶつ》、東方八仏、三世諸仏、諸大菩薩等を憶念称名することも同じく易行の法であると示して結んでいる。

本書には、阿弥陀仏のみならず、諸仏菩薩についてもその名を称えることが易行として示されている。しかしながら、諸仏菩薩に関してはただ称名不退を説くだけであるのに対し、阿弥陀仏についてはとくにその本願や往生の利益《りやく》が示され、あわせて龍樹菩薩自身の自行化他が述べられている。このことから浄土真宗では、一品の主意を阿弥陀仏の易行にあると見て本書を重視し、所依の聖教の一としている。

十住毘婆沙論《じゅうじゅうびばしゃろん》 第五巻《だいごかん》

*聖者《しょうじゃ》 ※龍樹造《りゅうじゅつく》る ※後秦《こうしん》の亀茲国三蔵鳩摩羅什《きじこくさんぞうくまらじゅう》訳《やく》す

易行品《いぎょうぼん》 第九《だいく》

*【一】 問《と》うていう。*不退転《ふたいてん》の位《くらい》の*菩薩《ぼさつ》がその位《くらい》に至《いた》ったあり方《かた》は、前《まえ》に説《と》いた通《とお》りである。不退転《ふたいてん》の位《くらい》に至《いた》るには、さまざまな*難行《なんぎょう》を修《おさ》め、長《なが》い時《とき》をかけなければならず、その中《なか》で*声聞《しょうもん》や*縁覚《えんがく》の位《くらい》に堕《お》ちてしまうものもいる。もしそうなってしまったなら、これは恐《おそ》るべき大《おお》いなるわざわいである。『*菩提資糧論《ぼだいしりょうろん》』に、次のように示《しめ》した通《とお》りである。

聖者 徳の高い者。ここでは龍樹菩薩が初地《しょじ》に至っていることを表す。

不退転 すでに得たさとりや功徳《くどく》、地位を決して失わないこと。

菩薩 梵語ボーディサットヴァの音写である菩提薩埵《ぼだいさった》の略語。さとりを求める者。大乗《だいじょう》仏教では自らさとりを求め（上求菩提《じょうぐぼだい》）、すべての衆生《しゅじょう》を利益《りやく》しようとする（下化《げけ》衆生）者のことをいう。

前 「易行品」の前の「阿《あ》惟越致相品《ゆいおっちそうぼん》」第八を指す。

難行 種々の困難な行。易行に対する語。

声聞 仏の教えを聞いてさとる者。仏在世の頃の弟子を指したが、のちには、自己のさとりのみを目的として、仏の教えに従って修行する者のことをいうように

「声聞《しょうもん》や縁覚《えんがく》の位《くらい》に堕《お》ちることは、菩薩《ぼさつ》としての死《し》を意味《いみ》し、すべての利益《りやく》を失《うしな》ってしまう。たとえ*地獄《じごく》に堕《お》ちたとしても、このような恐《おそ》れを生《しょう》じることはないが、もし声聞《しょうもん》や縁覚《えんがく》の位《くらい》に堕《お》ちたなら、大《おお》きな恐《おそ》れとなる。たとえ地獄《じごく》に堕《お》ちたとしても、やがては仏《ほとけ》のさとりに至《いた》ることができるが、もし声聞《しょうもん》や縁覚《えんがく》の位《くらい》に堕《お》ちたなら、仏《ほとけ》のさとりに至《いた》る道《みち》が断《た》たれてしまう。このことについて釈尊《しゃくそん》は自《みずか》ら*『清浄毘尼方広経《しょうじょうびにほうこうぎょう》』に、〈命《いのち》を惜《お》しんで長生《ながい》きしようとするものは、その首《くび》を斬《き》られることに大《おお》きな恐《おそ》れを生《しょう》じるように、菩薩《ぼさつ》もまた、声聞《しょうもん》や縁覚《えんがく》の位《くらい》に堕《お》ちることになれば大《おお》きな恐《おそ》れを生《しょう》じるであろう〉と説《と》かれている」

そこで、もし仏《ほとけ》がたが説《と》かれた教《おし》えの中《なか》に、*易行《いぎょう》の道《みち》で速《すみ》やかに不退転《ふたいてん》の位《くらい》に至《いた》ることのできる方法《ほうほう》があるなら、どうかわたしのために説《と》きたまえ。

なった。

縁覚　仏の教えによらず独りで修行し、自己のさとりのみを目的として、他に教えを説こうとしない者。

菩提資糧論　龍樹《りゅうじゅ》菩薩の著。菩提を得るための功徳《くどく》として、大乗《だいじょう》の菩薩が修めなければならないさまざまな行を説く。達磨笈多《だつまぎゅうた》訳の漢訳本が現存する。

地獄　自らの行為の結果として衆生《しゅじょう》が趣《おもむ》く苦しみのきわまった世界。経典や論疏によってさまざまに説かれる。

清浄毘尼方広経　鳩摩羅什《くまらじゅう》訳。大乗の菩薩のたもつべき戒を説く。

易行の道　不退転の位に至るための修行が易しい道。

【三】　答《こた》えていう。そなたの言葉《ことば》は弱々《よわよわ》しく臆病《おくびょう》であり、大《おお》いなるさとりを求《もと》める心《こころ》が見《み》られない。雄々《おお》しく堅固《けんご》な志《こころざし》を持《も》つものがいう言葉《ことば》ではないのである。なぜなら、もし人《ひと》が願《ねが》いをおこし、この上《うえ》ないさとりを求《もと》めようと思《おも》うのであれば、不退転《ふたいてん》の位《くらい》に至《いた》るまでの間《あいだ》、ちょうど頭《あたま》についた火《ひ》を必死《ひっし》に払《はら》い消《け》すように、命《いのち》がけで昼《ひる》も夜《よる》も努《つと》め励《はげ》まなければならないからである。『菩提資糧論《ぼだいしりょうろん》』に、次《つぎ》のように示《しめ》した通《とお》りである。

「まだ不退転《ふたいてん》の位《くらい》に至《いた》ることができていない菩薩《ぼさつ》は、ちょうど頭《あたま》についた火《ひ》を必死《ひっし》に払《はら》い消《け》すように、常《つね》に修行《しゅぎょう》に努《つと》め励《はげ》み、自《みずか》ら重《おも》い荷物《にもつ》を背負《せお》うようにしなければならない。仏《ほとけ》のさとりを求《もと》めるために、常《つね》に修行《しゅぎょう》に努《つと》め励《はげ》み、怠《なま》けおこたる心《こころ》をおこさないようにしなければならない。声聞《しょうもん》や縁覚《えんがく》の教《おし》えを求《もと》めるものであっても、ただ自《みずか》らの利益《りやく》を成就《じょうじゅ》するために、常《つね》に修行《しゅぎょう》に努《つと》め励《はげ》まなければならない。まして菩薩《ぼさつ》が自《みずか》らさとりの世界《せかい》へ渡《わた》り、また他《ほか》の人々《ひとびと》も渡《わた》そうとするなら、なおさらのことである。この声聞《しょうもん》・縁覚《えんがく》の教《おし》えを求《もと》めるものよりも、何億倍《なんおくばい》も努《つと》め励《はげ》まなければならない」

菩薩《ぼさつ》の道《みち》を修行《しゅぎょう》するものについて、釈尊《しゃくそん》は「願《ねが》いをおこし、仏《ほとけ》のさとりを求《もと》めることは、*三千大千世界《さんぜんだいせんせかい》を高《たか》く持《も》ち上《あ》げるよりも大《たい》変《へん》なことである」と説《と》かれている。

前《まえ》に、不退転《ふたいてん》の位《くらい》に至《いた》るのはきわめて難《むずか》しいことであり、長《なが》い時《とき》をかけなければならず、易行《いぎょう》の道《みち》で速《すみ》やかに不退転《ふたいてん》の位《くらい》に至《いた》ることはできないだろうかといったそなたの言葉《ことば》は、弱々《よわよわ》しく臆病《おくびょう》な言《こと》葉《ば》であり、堅固《けんご》な志《こころざし》を持《も》つすぐれたものがいう言葉《ことば》ではないのである。それでも、そなたが何《なん》としてもその方法《ほうほう》を聞《き》きたいと願《ねが》うなら、今《いま》、これを説《と》こう。

【三】 仏法《ぶっぽう》には、はかり知《し》れないほど多《おお》くの教《おし》えがある。たとえば、

三千大千世界 古代インドの宇宙観で、須弥山《しゅみせん》を中心に日・月・天界までも含めて一世界とし、その一世界を千集めたものを小千世界、小千世界を千集めたものを中千世界、中千世界を千集めたものを大千世界と名づける。この大千世界が三千大千世界で、三千は一世界が千の三乗の数集まったという意である。

世《よ》の中《なか》に難《むずか》しい道《みち》と易《やさ》しい道《みち》とがあり、陸路《りくろ》を歩《あゆ》んでいくのは苦《くる》しいが、水路《すいろ》を船《ふね》に乗《の》って渡《わた》るのは楽《たの》しいようなものである。菩薩《ぼさつ》の道《みち》も同《おな》じであり、修行《しゅぎょう》に努《つと》め励《はげ》む道《みち》もあれば、仏《ほとけ》の教《おし》えを信《しん》じるという易行《いぎょう》によって速《すみ》やかに不退転《ふたいてん》の位《くらい》に至《いた》る道《みち》もある。

【四】 *偈《げ》に示《しめ》す通《とお》りである。

東方《とうほう》の善徳仏《ぜんとくぶつ》、南方《なんぽう》の栴檀徳仏《せんだんとくぶつ》、※西方《さいほう》の無量明仏《むりょうみょうぶつ》、北方《ほっぽう》の相《そう》徳仏《とくぶつ》、東南方《とうなんほう》の無憂徳仏《むうとくぶつ》、西南方《せいなんほう》の宝施仏《ほうせぶつ》、西北方《せいほくほう》の華徳仏《けとくぶつ》、東北方《とうほくほう》の三乗行仏《さんじょうぎょうぶつ》、下方《げほう》の明徳仏《みょうとくぶつ》、上方《じょうほう》の広衆徳仏《こうしゅとくぶつ》、これらの仏《ほとけ》がたは、今現《いまげん》に十方《じっぽう》の世界《せかい》におられる。もし人《ひと》が速《すみ》やかに不退転《ふたいてん》の位《くらい》に至《いた》りたいと思《おも》うなら、あつく敬《うやま》う心《こころ》をもって、仏《ほとけ》がたの*名号《みょうごう》を心《こころ》にとどめ、称《たた》えるがよい。

偈 梵語ガーターの音写。頌《じゅ》と漢訳する。韻文で書かれた詩句のこと。

名号 仏・菩薩の名前を名号という。

【五】　もし菩薩《ぼさつ》がこの一生《いっしょう》のうちに不退転《ふたいてん》の位《くらい》に至《いた》り、この上《うえ》ないさとりを成就《じょうじゅ》したいと思《おも》うなら、これら十方《じっぽう》の仏《ほとけ》がたを念《ねん》じ、その名号《みょうごう》を称《たた》えるがよい。*『宝月童子所問経《ほうがつどうじしょもんぎょう》』の「阿惟越致品《あゆいおっちぼん》」に、次《つぎ》のように説《と》かれている通《とお》りである。

「釈尊《しゃくそん》が宝月童子《ほうがつどうじ》に仰《おお》せになる。〈ここから東方《とうほう》へ数限《かずかぎ》りない仏《ほとけ》がたの国々《くにぐに》を過《す》ぎたところに、無憂《むう》と名《な》づけられる世界《せかい》がある。その地《ち》は平坦《へいたん》で、*七宝《しっぽう》でできており、*紫磨金《しまこん》でできた縄《なわ》で区切《くぎ》られている。宝《たから》の樹々《きぎ》がならび連《つら》なってうるわしく飾《かざ》られ、地獄《じごく》・*畜生《ちくしょう》・*餓鬼《がき》・*阿修羅《あしゅら》などの仏道《ぶつどう》を修行《しゅぎょう》する上《うえ》での困難《こんなん》な場所《ばしょ》はない。清《きよ》らかで汚《けが》れがなく、砂石《させき》・瓦礫《がれき》・山岳《さんがく》・丘陵《きゅうりょう》・洞穴《どうけつ》・峡谷《きょうこく》もなく、天《てん》より常《つね》に花《はな》が降《ふ》りそそぎ、一面《いちめん》に広《ひろ》がっている。その世界《せかい》には、善徳《ぜんとく》*如来《にょらい》・応供《おうぐ》・正遍知《しょうへんち》・明行足《みょうぎょうそく》・善逝《ぜんぜい》・世間解《せけんげ》・無上士《むじょうじ》・調《じょう》御丈夫《ごじょうぶ》・天人師《てんにんし》・仏《ぶつ》・世尊《せそん》と申《もう》しあげる仏《ほとけ》がおられる。すぐれた菩《ぼ》

宝月童子所問経　現存しない。同経を抄訳したと思われるものに『大乗宝月童子問法経《だいじょうほうがつどうじもんぼうきょう》』（宋の施護《せご》訳）がある。引用に該当する文は見られないが、チベット訳にほぼ相応する文がある。

七宝　一般には、金・銀・瑠璃《るり》・玻璃《はり》・硨磲《しゃこ》・赤珠《しゃくしゅ》・碼碯《めのう》の七種の宝のこと。ただし経典や論疏により異説がある。

紫磨金　紫色を帯びた金のこと。

畜生　鳥・獣・虫・魚など、人にたくわえ養われて生きているものの世界。

餓鬼　常に飢餓に悩まされる世界。

阿修羅　闘争を好む世界。

如来…仏世尊　如来は、真《しん》如《にょ》（真理）より現れ来った者、あるいは真如をさとった者の意で、仏のこと。応

薩《さつ》がたにあつく敬《うやま》い取《と》りかこまれ、仏《ほとけ》の身《み》から放《はな》たれる光《ひかり》の輝《かがや》きは、大《おお》いなる黄金《おうごん》の山《やま》がさらに明《あか》るく輝《かがや》くようであり、数多《かずおお》くの珍《めずら》しい財宝《ざいほう》の集《あつ》まりのようである。あらゆるもののために広《ひろ》く正《ただ》しい法《ほう》をお説《と》きになっており、その説法《せっぽう》は、初《はじ》めから終《お》わりまで言葉《ことば》も内容《ないよう》も豊《ゆた》かにととのっている。清《きよ》らかさをそなえながらありのままをお説《と》きになるので、*四大《しだい》・*三界《さんがい》・*五蘊《ごうん》といった迷《まよ》いの世界《せかい》についての内容《ないよう》も失《うしな》うことがないのである。宝月童子《ほうがつどうじ》よ、この仏《ほとけ》がさとりを開《ひら》かれてから六十億劫《ろくじゅうおくこう》という長《なが》い時《とき》が過《す》ぎている。またその仏《ほとけ》の国《くに》は昼夜《ちゅうや》の区別《くべつ》がなく、ただこのわたしたちの世界《せかい》の数《かぞ》え方《かた》で、その時《とき》の長《なが》さを説《と》いているだけである。その仏《ほとけ》の*光明《こうみょう》は、常《つね》に世界《せかい》を照《て》らしている。一度《いちど》の説法《せっぽう》で数限《かずかぎ》りない人々《ひとびと》を*無生法忍《むしょうぼうにん》の位《くらい》に至《いた》らせ、その倍《ばい》の数《かず》の人々《ひとびと》を※初忍《しょにん》・第二忍《だいににん》・第三忍《だいさんにん》の位《くらい》に至《いた》らせている。宝月童子《ほうがつどうじ》よ、その仏《ほとけ》の*本願《ほんがん》のはたらきにより、もし他《ほか》の仏《ほとけ》がた

供以下は如来の十種の称号（如来の十号）で、この十号は如来を入れると十一号になる。それを合せて十号と呼ぶ数え方に諸説がある。

四大　すべての存在を構成している四大元素。地・水・火・風をいう。

三界　迷いの世界を三種に分類したもの。①欲界《よくかい》（欲望にとらわれたものの住む世界）、②色界《しきかい》（物質からなる欲を離れた清らかな世界）、③無色界《むしきかい》（物質の世界を超えた精神的な世界）の三つの世界。

五蘊　五陰《ごおん》ともいう。五種類の要素の集まり。①色《しき》（物質）、②受《じゅ》（感受作用）、③想《そう》（知覚表象作用）、④行《ぎょう》（受蘊・想蘊・識蘊以外の「思」などに代表される心作用）、⑤識《しき》（識別作用）

の国《くに》の人々《ひとびと》が、その仏《ほとけ》のみもとでさまざまな＊善根《ぜんごん》を積《つ》んだなら、この仏《ほとけ》の光明《こうみょう》に身体《からだ》を照《て》らされるだけで、無生法忍《むしょうぼうにん》の位《くらい》を得《え》ることができるのである。宝月童子《ほうがつどうじ》よ、もし善良《ぜんりょう》なものが、この仏《ほとけ》の名号《みょうごう》を聞《き》いてよく信《しん》じたなら、速《すみ》やかにこの上《うえ》ないさとりを開《ひら》くことが定《さだ》まるであろう〉」

その他《ほか》の仏《ほとけ》がたについてもみなこのようである。今《いま》、仏《ほとけ》がたとその国土《こくど》の名《な》について説《と》き示《しめ》そう。

「善徳仏《ぜんとくぶつ》」とは、ただ善《ぜん》のみによる安《やす》らかな仏《ほとけ》である。神々《かみがみ》や＊竜神《りゅうじん》のもたらす恵《めぐ》みが、※あるいは人々《ひとびと》を悩《なや》ませるのとは異《こと》なっている。

「栴檀徳仏《せんだんとくぶつ》」とは、ここから南方《なんぽう》へ数限《かずかぎ》りない仏《ほとけ》がたの国々《くにぐに》を過《す》ぎたところに、歓喜《かんぎ》と名《な》づけられる世界《せかい》があり、そこには栴檀徳仏《せんだんとくぶつ》と申《もう》しあげる仏《ほとけ》がおられ、今現《いまげん》に教《おし》えを説《と》いておいでになる。その仏《ほとけ》の名声《めいせい》が遠《とお》くまで聞《きこ》えることは、＊栴檀《せんだん》の香《かお》りが広《ひろ》く伝《つた》わるかのよ

の五種のこと。仏教ではこの五種の要素が因縁によって仮に和合したものであると説く。わたしたちの存在は、肉体面（色蘊）と精神面（受・想・行・識の四蘊）との仮の集まりにすぎないので、実体として執着すべき独立の我は存在しないと説かれる。

光明　仏・菩薩《ぼさつ》の身心にそなわる光。迷いの闇を破し、真理をさとりあらわす仏・菩薩の智慧を象徴するもの。とくに阿弥陀仏《あみだぶつ》については、『大経《だいきょう》』に無量光などの十二光をもってその光明の徳が示されている。

無生法忍　すべての存在は生ずることもなく滅することもないという真実をありのままにさとること。

本願　菩薩が修行している時におこした誓い。あらゆ

うである。そのはたらきは、人々《ひとびと》の燃《も》えさかる*三毒《さんどく》の煩悩《ぼんのう》を除《のぞ》き、清《きよ》らかですがすがしくさせている。

「無量明仏《むりょうみょうぶつ》」とは、ここから西方《さいほう》へ数限《かずかぎ》りない仏《ほとけ》がたの国々《くにぐに》を過《す》ぎたところに、*善《ぜん》と名《な》づけられる世界《せかい》があり、そこには無量明《むりょうみょう》仏《ぶつ》と申《もう》しあげる仏《ほとけ》がおられ、今現《いまげん》に教《おし》えを説《と》いておいでになる。その身《み》にそなわる光明《こうみょう》と*智慧《ちえ》が明《あか》るく照《て》らすところには限《かぎ》りがない。

「相徳仏《そうとくぶつ》」とは、ここから北方《ほっぽう》へ数限《かずかぎ》りない仏《ほとけ》がたの国々《くにぐに》を過《す》ぎたところに、不可動《ふかどう》と名《な》づけられる世界《せかい》があり、そこには相徳仏《そうとくぶつ》と申《もう》しあげる仏《ほとけ》がおられ、今現《いまげん》に教《おし》えを説《と》いておいでになる。その功《く》徳《どく》が高《たか》らかではっきりとしているさまは、ちょうど*仏塔《ぶっとう》に掲《かか》げた幢《はた》のようである。

「無憂徳仏《むうとくぶつ》」とは、ここから東南方《とうなんほう》へ数限《かずかぎ》りない仏《ほとけ》がたの国々《くにぐに》を過《す》ぎたところに、月明《がつみょう》と名《な》づけられる世界《せかい》があり、そこには無憂《むう》

る衆生《しゅじょう》を救済するための根本となる願い。

善根　あらゆる善を生じるもとのこと。功徳のたね。

竜神　仏法を護持する鬼神。

栴檀　旃檀とも。香木の一種で、赤・白・紫などの諸種があり、芳香を発する。

三毒の煩悩　煩悩とは、身心を煩わせ、悩ませる精神作用の総称。煩悩のなかで代表的な、①貪欲《とんよく》（むさぼり）、②瞋恚《しんに》（いかり）、③愚痴《ぐち》（おろかさ）を三毒という。

善　異本には「善解」とある。

智慧　物事を正しくとらえ、真理を見きわめる力。

仏塔　塔は梵語ストゥーパの音写の略。仏の遺骨を安置し供養《くよう》する築造物。

徳仏《とくぶつ》と申《もう》しあげる仏《ほとけ》がおられ、今現《いまげん》に教《おし》えを説《と》いておいでになる。そのすぐれた功徳《くどく》は、あらゆる神々《かみがみ》や人々《ひとびと》を憂《うれ》いなくさせている。

「宝施仏《ほうせぶつ》」とは、ここから西南方《せいなんほう》へ数限《かずかぎ》りない仏《ほとけ》がたの国々《くにぐに》を過《す》ぎたところに、衆相《しゅそう》と名《な》づけられる世界《せかい》があり、そこには宝施仏《ほうせぶつ》と申《もう》しあげる仏《ほとけ》がおられ、今現《いまげん》に教《おし》えを説《と》いておいでになる。*五根《ごこん》・五力《ごりき》・*七菩提分《しちぼだいぶん》・*八聖道分《はっしょうどうぶん》など、煩悩《ぼんのう》を離《はな》れた清《きよ》らかな教《おし》えの宝《たから》を常《つね》に人々《ひとびと》に施《ほどこ》しておられる。

「華徳仏《けとくぶつ》」とは、ここから西北方《せいほくほう》へ数限《かずかぎ》りない仏《ほとけ》がたの国々《くにぐに》を過《す》ぎたところに、衆音《しゅおん》と名《な》づけられる世界《せかい》があり、そこには華徳仏《けとくぶつ》と申《もう》しあげる仏《ほとけ》がおられ、今現《いまげん》に教《おし》えを説《と》いておいでになる。その仏《ほとけ》のお姿《すがた》はうるわしい花《はな》のようであり、功徳《くどく》ははかり知《し》ることができない。

「三乗行仏《さんじょうぎょうぶつ》」とは、ここから東北方《とうほくほう》へ数限《かずかぎ》りない仏《ほとけ》がたの国々《くにぐに》

五根五力　信・精進《しょうじん》・念・定《じょう》・慧《え》の五。煩悩をおさえてさとりを開かせる勝れた力とはたらき。

七菩提分　さとりを得るための七種の行法《ぎょうほう》。①念覚支《ねんかくし》（心に明らかに憶《おも》いとどめて忘れない）、②択法覚支《ちゃくほうかくし》（智慧《ちえ》によって法の真偽を選択する）、③精進覚支《しょうじんかくし》（一心に努力する）、④喜覚支《きかくし》（法をたのしみ喜ぶ）、⑤軽安覚支《きょうあんかくし》（身心が軽やかで安らかである）、⑥定覚支《じょうかくし》（心を集中して乱さない）、⑦捨覚支《しゃかくし》（心の興奮や沈滞がなく平静である）をいう。

八聖道分　さとりに至るための八種の正しい行法。①正見《しょうけん》（正しい見解）、②正思惟《しょうしゆい》（正しい思惟）、③正語《しょうご》（正しい言葉づかい）、④正業《しょうごう》（正しい行為）、⑤

を過《す》ぎたところに、安隠《あんのん》と名《な》づけられる世界《せかい》があり、そこには三《さん》乗行仏《じょうぎょうぶつ》と申《もう》しあげる仏《ほとけ》がおられ、今現《いまげん》に教《おし》えを説《と》いておいでになる。その仏《ほとけ》は、常《つね》に声聞《しょうもん》・縁覚《えんがく》・菩薩《ぼさつ》の修行《しゅぎょう》を説《と》いておられる。またある人《ひと》は、「上《じょう》・中《ちゅう》・下《げ》の修行《しゅぎょう》をお説《と》きになっているから、三《さん》乗行《じょうぎょう》と名《な》づけられるのである」といっている。

「明徳仏《みょうとくぶつ》」とは、ここから下方《げほう》へ数限《かずかぎ》りない仏《ほとけ》がたの国々《くにぐに》を過《す》ぎたところに、広大《こうだい》と名《な》づけられる世界《せかい》があり、そこには明徳仏《みょうとくぶつ》と申《もう》しあげる仏《ほとけ》がおられ、今現《いまげん》に教《おし》えを説《と》いておいでになる。「明《みょう》」とは、その身《み》から放《はな》たれる光明《こうみょう》、智慧《ちえ》の光明《こうみょう》、宝《たから》の樹々《きぎ》から放《はな》たれる光明《こうみょう》をいい、これらの三種《さんしゅ》の光明《こうみょう》は常《つね》に世界《せかい》を照《て》らしている。

「広衆徳仏《こうしゅとくぶつ》」とは、ここから上方《じょうほう》へ数限《かずかぎ》りない仏《ほとけ》がたの国々《くにぐに》を過《す》ぎたところに、衆月《しゅがつ》と名《な》づけられる世界《せかい》があり、そこには広衆徳仏《こうしゅとくぶつ》と申《もう》しあげる仏《ほとけ》がおられ、今現《いまげん》に教《おし》えを説《と》いておいでになる。その

正命《しょうみょう》（正しい生活）、⑥正精進《しょうしょうじん》（正しい努力）、⑦正念《しょうねん》（正しい憶念）、⑧正定《しょうじょう》（正しい精神統一）をいう。八正道に同じ。

仏《ほとけ》の弟子《でし》の功徳《くどく》は広大《こうだい》であるから、広衆徳《こうしゅとく》と申《もう》しあげるのである。今《いま》この十方《じっぽう》の仏《ほとけ》がたは、善徳仏《ぜんとくぶつ》を初《はじ》めとし、広衆徳仏《こうしゅとくぶつ》を最後《さいご》とする。もし人《ひと》が一心《いっしん》にその名号《みょうごう》を称《たた》えたなら、その人《ひと》は速《すみ》やかにこの上《うえ》ないさとりを開《ひら》くことが定《さだ》まるのである。

【六】　偈《げ》に示《しめ》す通《とお》りである。

もし人《ひと》が、この仏《ほとけ》がたの名号《みょうごう》について聞《き》くことができたなら、速《すみ》やかにはかり知《し》れない功徳《くどく》を得《え》ることは、宝月童子《ほうがつどうじ》のためにお説《と》きになった通《とお》りである。

わたしは今現《いまげん》に十方《じっぽう》におられるこの仏《ほとけ》がたを礼拝《らいはい》したてまつる。その仏《ほとけ》がたの名号《みょうごう》を称《たた》えたなら、速《すみ》やかに不退転《ふたいてん》の位《くらい》に至《いた》ることができる。

東方《とうほう》にある無憂世界《むうせかい》の仏《ほとけ》を、善徳仏《ぜんとくぶつ》と申《もう》しあげる。そのお姿《すがた》は黄金《おうごん》の山《やま》のようで、名号《みょうごう》が聞《きこ》えないところはない。

もし人《ひと》がその名号《みょうごう》を聞《き》いたなら、速《すみ》やかに不退転《ふたいてん》の位《くらい》に至《いた》ることができる。わたしは今《いま》、合掌《がっしょう》し礼拝《らいはい》したてまつる。どうかすべての憂《うれ》いや悩《なや》みを取《と》り除《のぞ》きたまえ。

南方《なんぽう》にある歓喜世界《かんぎせかい》の仏《ほとけ》を、梅檀徳仏《せんだんとくぶつ》と申《もう》しあげる。お顔《かお》は満《まん》月《げつ》のように清《きよ》らかで、その光明《こうみょう》は限《かぎ》りがなく、あらゆる人々《ひとびと》の火《ひ》のように燃《も》えさかる三毒《さんどく》の煩悩《ぼんのう》を消《け》し去《さ》ってくださる。その名号《みょうごう》を聞《き》いたなら、速《すみ》やかに不退転《ふたいてん》の位《くらい》に至《いた》ることができる。このようなわけで、礼拝《らいはい》したてまつる。

西方《さいほう》にある善世界《ぜんせかい》の仏《ほとけ》を、無量明仏《むりょうみょうぶつ》と申《もう》しあげる。その身《み》にそなわる光明《こうみょう》と智慧《ちえ》が明《あか》るく照《て》らすところには限《かぎ》りがない。その名号《みょうごう》を聞《き》いたなら、速《すみ》やかに不退転《ふたいてん》の位《くらい》に至《いた》ることができる。わたしは今《いま》、礼拝《らいはい》したてまつる。どうか迷《まよ》いの世界《せかい》に生《うま》れ変《かわ》り死《し》に変《かわ》りし続《つづ》けることを終《お》わらせたまえ。

北方《ほっぽう》にある無動世界《むどうせかい》の仏《ほとけ》を、相徳仏《そうとくぶつ》と申《もう》しあげる。その身《み》は、さまざまなすぐれた特徴《とくちょう》をそなえて自《みず》からをうるわしくととのえ、人々《ひとびと》にあだをなす悪魔《あくま》の軍勢《ぐんぜい》を打《う》ち破《やぶ》り、あらゆる人々《ひとびと》や神々《かみがみ》を導《みちび》いておられる。その名号《みょうごう》を聞《き》いたなら、速《すみ》やかに不退転《ふたいてん》の位《くらい》に至《いた》ることができる。このようなわけで、礼拝《らいはい》したてまつる。

東南方《とうなんほう》の月明世界《がつみょうせかい》に、無憂徳仏《むうとくぶつ》と申《もう》しあげる仏《ほとけ》がおられる。太陽《たいよう》や月《つき》の光《ひかり》にたとえられるその光明《こうみょう》に照《※て》らされたものは、憂《うれ》いや悩《なや》みが消《け》し去《さ》られる。常《つね》に人々《ひとびと》のために教《おし》えを説《と》き、身心《しんしん》のさまざまな苦《くる》しみを除《のぞ》いておられる。あらゆる世界《せかい》の仏《ほとけ》がたがほめたたえておられる。このようなわけで、礼拝《らいはい》したてまつる。

西南方《せいなんほう》にある衆相世界《しゅそうせかい》の仏《ほとけ》を、宝施仏《ほうせぶつ》と申《もう》しあげる。常《つね》にさまざまな教《おし》えの宝《たから》を、広《ひろ》くすべての人々《ひとびと》に施《ほどこ》しておられる。神々《かみがみ》は頭《あたま》を地《ち》につけて礼拝《らいはい》し、その宝冠《ほうかん》に仏《ほとけ》の足《あし》をおしいただく。わたしは今《いま》、大地《だいち》に身《み》を投《な》げ出《だ》して宝施仏《ほうせぶつ》に帰依《きえ》したてまつる。

西北方《せいほくほう》にある衆音世界《しゅおんせかい》の仏《ほとけ》を、華徳仏《けとくぶつ》と申《もう》しあげる。その世界《せかい》にはさまざまな宝《たから》の樹々《きぎ》があり、すぐれた教《おし》えを説《と》き述《の》べている。

常《つね》に七菩提分《しちぼだいぶん》の花《はな》で人々《ひとびと》をうるわしくととのえておられ、その仏《ほとけ》の*白毫《びゃくごう》は月《つき》のようである。わたしは今《いま》、頭《あたま》を地《ち》につけて礼拝《らいはい》したてまつる。

東北方《とうほくほう》の安隠世界《あんのんせかい》は、さまざまな宝《たから》によってできており、そこにおられる仏《ほとけ》を三乗行仏《さんじょうぎょうぶつ》と申《もう》しあげる。その仏《ほとけ》は、数限《かずかぎ》りな

白毫　仏の眉間にあり、右に巻いている白い細毛で、そこから光を放たれる。仏の三十二相の一。

いすぐれた特徴《とくちょう》を身《み》にそなえておられる。限《かぎ》りない智慧《ちえ》の光明《こうみょう》で*無明《むみょう》の闇《やみ》を破《やぶ》ってくださるから、人々《ひとびと》に憂《うれ》いや悩《なや》みはない。このようなわけで、礼拝《らいはい》したてまつる。

上方《じょうほう》の衆月世界《しゅがつせかい》は、多《おお》くの宝《たから》でうるわしく飾《かざ》られている。すぐれた功徳《くどく》をそなえた声聞《しょうもん》や菩薩《ぼさつ》がたは、その数《かず》に限《かぎ》りがない。

聖者《しょうじゃ》のなかでもっとも雄々《おお》しい仏《ほとけ》を、広衆徳仏《こうしゅとくぶつ》と申《もう》しあげる。あらゆる悪魔《あくま》に恐《おそ》れられている。このようなわけで、礼拝《らいはい》したてまつる。

下方《げほう》にある広大世界《こうだいせかい》の仏《ほとけ》を、明徳仏《みょうとくぶつ》と申《もう》しあげる。そのお姿《すがた》はきわめて美《うつく》しく、*閻浮檀金《えんぶだんごん》の山《やま》に超《こ》えすぐれている。常《つね》に智慧《ちえ》の太陽《たいよう》で照《て》らし、あらゆる善根《ぜんごん》の花《はな》を開《ひら》かせておられる。宝《たから》の大地《だいち》は果《は》てしなく広大《こうだい》である。わたしははるかに礼拝《らいはい》

無明　真理にくらく、もののあるがままのありようを明らかに理解できないという、最も根本的な煩悩《ぼんのう》。迷いの根源。

閻浮檀金　閻浮檀は梵語ジャンブー・ナダの音写。閻浮樹の間を流れる河の意。その河の底からとれる砂金を閻浮檀金といい、最高の金とされる。

したてまつる。

はかり知《し》ることのできない遠《とお》い過去《かこ》の世《よ》に、海徳仏《かいとくぶつ》と申《もう》しあげる仏《ほとけ》がお出《で》ましになった。現在《げんざい》の十方《じっぽう》の仏《ほとけ》がたは、みなこの仏《ほとけ》のもとで願《ねが》いをおこされたのである。

その寿命《じゅみょう》は限《かぎ》りなく、光明《こうみょう》はどこまでも照《て》らしており、その国土《こくど》はこの上《うえ》なく清《きよ》らかである。その名号《みょうごう》を聞《き》いたなら、必《かなら》ず仏《ほとけ》になるであろう。

これらの仏《ほとけ》がたは、今現《いまげん》に十方《じっぽう》においでになり、*十力《じゅうりき》をそなえておられる。このようなわけで、人々《ひとびと》や神々《かみがみ》の中《なか》でももっとも尊《とうと》ばれる仏《ほとけ》がたを礼拝《らいはい》したてまつる。


【七】問《と》うていう。ただこの十方《じっぽう》の仏《ほとけ》がたの名号《みょうごう》を聞《き》いて心《こころ》にとどめるなら、速《すみ》やかにこの上《うえ》ないさとりを開《ひら》くことが定《さだ》まる。また他《ほか》の仏《ぶつ》・菩薩《ぼさつ》の名号《みょうごう》によっても同《おな》じように不退転《ふたいてん》の位《くらい》に至《いた》ることが

十力 仏のみが具えている十種の力。①処非処智力《しょひしょちりき》（道理・非理を知る力）、②業異熟智力《ごういじゅくちりき》（業とその果報《かほう》との因果関係を知る力）、③静慮解脱等持等至智力《じょうりょげだつとうじとうしちりき》（禅定《ぜんじょう》や三昧《さんまい》を知る力）、④根上下智力《こんじょうげちりき》（能力や性質の優劣を知る力）、⑤種《しゅ》種勝解智力《じゅしょうげちりき》（意欲や望みを明らかに知る力）、⑥種《しゅ》種界智力《じゅかいちりき》（本性を知る力）、⑦遍趣行智力《へんしゅぎょうちりき》（人天等の諸世界に趣《おもむ》く行の因果を知る力）、⑧宿住随念智力《しゅくじゅうずいねんちりき》（自他の過去世のことを思い起す力）、⑨死生智力《ししょうちりき》（未来の生死《しょうじ》・善悪の世界を知る力）、⑩漏尽智力《ろじんちりき》（煩悩を滅した涅槃《ねはん》の境地と、それに到達するための手段を知る力）をいう。

できるのだろうか。

【八】 答《こた》えていう。※阿弥陀仏《あみだぶつ》などの仏《ほとけ》がたやすぐれた菩薩《ぼさつ》がたの名《みよう》号《ごう》を称《たた》えて一心《いっしん》に念《ねん》じるなら、また不退転《ふたいてん》の位《くらい》に至《いた》ることができる。※阿弥陀仏《あみだぶつ》などの仏《ほとけ》がたを同《おな》じようにあつく敬《うやま》い礼拝《らいはい》し、その名号《みようごう》を称《たた》えるがよい。

【九】 今《いま》、詳《くわ》しく説《と》こう。無量寿仏《むりようじゆぶつ》・世自在王仏《せじざいおうぶつ》・師子意仏《ししいぶつ》・法意《ほうい》仏《ぶつ》・梵相仏《ぼんそうぶつ》・世相仏《せそうぶつ》・世妙仏《せみようぶつ》・慈悲仏《じひぶつ》・世王仏《せおうぶつ》・人王仏《にんのうぶつ》・月徳《がっとく》仏《ぶつ》・宝徳仏《ほうとくぶつ》・相徳仏《そうとくぶつ》・大相仏《だいそうぶつ》・珠蓋仏《しゆがいぶつ》・師子鬘仏《ししまんぶつ》・破無明仏《はむみようぶつ》・智《ち》華仏《けぶつ》・多摩羅跋栴檀香仏《たまらばつせんだんこうぶつ》・持大功徳仏《じだいくどくぶつ》・雨七宝仏《うしつぽうぶつ》・超勇仏《ちようゆうぶつ》・離瞋《りしん》恨仏《こんぶつ》・大荘厳仏《だいしようごんぶつ》・無相仏《むそうぶつ》・宝蔵仏《ほうぞうぶつ》・徳頂仏《とくちようぶつ》・多伽羅香仏《たからこうぶつ》・栴檀香《せんだんこう》仏《ぶつ》・蓮華香仏《れんげこうぶつ》・荘厳道路仏《しようごんどうろぶつ》・竜蓋仏《りゆうがいぶつ》・雨華仏《うけぶつ》・散華仏《さんげぶつ》・華光明《けこうみよう》仏《ぶつ》・日音声仏《にちおんじようぶつ》・蔽日月仏《へいにちがつぶつ》・琉璃蔵仏《るりぞうぶつ》・梵音仏《ぼんのんぶつ》・浄明仏《じようみようぶつ》・金蔵《こんぞう》仏《ぶつ》・須弥頂仏《しゆみちようぶつ》・山王仏《せんのうぶつ》・音声自在仏《おんじようじざいぶつ》・浄眼仏《じようげんぶつ》・月明仏《がつみようぶつ》・如須弥《によしゆみ》

山仏《せんぶつ》・日月仏《にちがつぶつ》・得衆仏《とくしゅぶつ》・華生仏《けしょうぶつ》・梵音説仏《ぼんのんせつぶつ》・世主仏《せしゅぶつ》・師子行仏《ししぎょうぶつ》・妙法意師子吼仏《みょうほういししくぶつ》・珠宝蓋珊瑚色仏《しゅほうがいさんごしきぶつ》・破痴愛闇仏《はちあいあんぶつ》・水月仏《すいがつぶつ》・衆華《しゅけ》仏《ぶつ》・開智慧仏《かいちえぶつ》・持雑宝仏《じぞうほうぶつ》・菩提仏《ぼだいぶつ》・華超出仏《けちょうしゅつぶつ》・真琉璃明仏《しんるりみょうぶつ》・蔽日《へいにち》明仏《みょうぶつ》・持大功徳仏《じだいくどくぶつ》・得正慧仏《とくしょうえぶつ》・勇健仏《ゆうごんぶつ》・離諂曲仏《りてんごくぶつ》・除悪根栽仏《じょあくこんさいぶつ》・大香仏《だいこうぶつ》・道映仏《どうようぶつ》・水光仏《すいこうぶつ》・海雲慧遊仏《かいうんえゆぶつ》・徳頂華仏《とくちょうけぶつ》・華荘厳仏《けしょうごんぶつ》・日《にち》音声仏《おんじょうぶつ》・月勝仏《がつしょうぶつ》・琉璃仏《るりぶつ》・梵声仏《ぼんじょうぶつ》・光明仏《こうみょうぶつ》・金蔵仏《こんぞうぶつ》・山頂《せんちょう》仏《ぶつ》・山王仏《せんのうぶつ》・音王仏《おんのうぶつ》・竜勝仏《りゅうしょうぶつ》・無染仏《むぜんぶつ》・浄面仏《じょうめんぶつ》・月面仏《がつめんぶつ》・如須弥《にょしゅみ》仏《ぶつ》・栴檀香仏《せんだんこうぶつ》・威勢仏《いせいぶつ》・燃灯仏《ねんとうぶつ》・難勝仏《なんしょうぶつ》・宝徳仏《ほうとくぶつ》・喜音仏《きおんぶつ》・光明《こうみょう》仏《ぶつ》・竜勝仏《りゅうしょうぶつ》・離垢明仏《りくみょうぶつ》・師子仏《ししぶつ》・王王仏《おうおうぶつ》・力勝仏《りきしょうぶつ》・華歯仏《けしぶつ》・無《む》畏明仏《いみょうぶつ》・香頂仏《こうちょうぶつ》・普賢仏《ふげんぶつ》・普華仏《ふけぶつ》・宝相仏《ほうそうぶつ》である。これらの仏《ほとけ》がたは、現《げん》に十方《じっぽう》の清《きよ》らかな世界《せかい》におられる。みな名号《みょうごう》を称《たた》えて心《こころ》に念《ねん》じるがよい。

【一〇】阿弥陀仏《あみだぶつ》の本願《ほんがん》には、「もし人《ひと》が、わたしを念《ねん》じて名号《みょうごう》を称《たた》え、自《みずか》ら帰依《きえ》するなら、速《すみ》やかに必《かなら》ず仏《ほとけ》になることが定《さだ》まった位《くらい》に入《はい》り、この上《うえ》ないさとりを得《え》るであろう」と誓《ちか》われている。だから常《つね》に心《こころ》に念《ねん》じるがよい。

【一一】偈《げ》をもって阿弥陀仏《あみだぶつ》をほめたたえよう。

はかり知《し》れない智慧《ちえ》の光明《こうみょう》をそなえ、そのお姿《すがた》は黄金《おうごん》の山《やま》のようである。わたしは今《いま》、身体《からだ》と言葉《ことば》と心《こころ》をもって合掌《がっしょう》し礼《らい》拝《はい》したてまつる。

金色《きんいろ》に輝《かがや》くすぐれた光明《こうみょう》は、広《ひろ》くあらゆる世界《せかい》に行《い》きわたり、照《て》らすものの能力《のうりょく》や素質《そしつ》に応《おう》じてその輝《かがや》きを増《ま》す。このようなわけで、礼拝《らいはい》したてまつる。

もし人《ひと》が命《いのち》を終《お》えた時《とき》に、阿弥陀仏《あみだぶつ》の国《くに》に生《う》まれることができたなら、はかり知《し》れない功徳《くどく》がその身《み》にそなわるのである。このようなわけで、わたしは帰依《きえ》したてまつる。

この仏《ほとけ》のはかり知《し》れないすぐれた功徳《くどく》を念《ねん》じるものは、ただちに必《かなら》ず仏《ほとけ》になると定《さだ》まった位《くらい》に入《はい》る。このようなわけで、わたしは常《つね》に念《ねん》じたてまつる。

その国《くに》の人々《ひとびと》が命《いのち》を終《お》え、たとえさまざまな苦《くる》しみを受《う》けることがあったとしても、地獄《じごく》に堕《お》ちることはない。このようなわけで、帰依《きえ》し礼拝《らいはい》したてまつる。

もし人《ひと》がその国《くに》に生《うま》れたなら、決《けっ》して地獄《じごく》・餓鬼《がき》・畜生《ちくしょう》および阿修羅《あしゅら》に堕《お》ちることはない。わたしは今《いま》、帰依《きえ》し礼拝《らいはい》したてまつる。

その国《くに》の人々《ひとびと》や神々《かみがみ》の姿《すがた》はみな同《おな》じく、まるで黄金《おうごん》の山《やま》の頂《いただき》のようであり、あらゆる聖者《しょうじゃ》がたの帰依《きえ》するところである。このようなわけで、頭《あたま》を地《ち》につけて礼拝《らいはい》したてまつる。

その国《くに》に生《うま》れることができたなら、*天眼通《てんげんつう》・*天耳通《てんにつう》をそなえ、

天眼通　衆生《しゅじょう》の未来を予知することができる不可思議な力。

天耳通　世間一切の苦楽の言葉、遠近の一切の音を聞くことができる不可思議な力。

そのはたらきは広《ひろ》くすべての世界《せかい》にさまたげなく行《い》きわたる。
聖者《しょうじゃ》がたに尊《とうと》ばれる阿弥陀仏《あみだぶつ》を礼拝《らいはい》したてまつる。

その国《くに》のあらゆる人々《ひとびと》は、*神足通《じんそくつう》や*他心通《たしんつう》、*宿命通《しゅくみょうつう》を身《み》にそなえている。このようなわけで、帰依《きえ》し礼拝《らいはい》したてまつる。

その国《くに》に生《うま》れたなら、自分《じぶん》や自分《じぶん》のものにとらわれる心《こころ》がなく、あれこれと区別《くべつ》する心《こころ》も起《おこ》らないのである。このようなわけで、礼拝《らいはい》したてまつる。

閉《と》ざされた迷《まよ》いの世界《せかい》を離《はな》れ、蓮華《れんげ》の花《はな》びらのような澄《す》み切《き》った目《め》をした声聞《しょうもん》たちが数限《かずかぎ》りなくいる。このようなわけで、礼拝《らいはい》したてまつる。

その国《くに》のものはみな、おだやかで、おのずと*十善《じゅうぜん》を行《ぎょう》じている。聖者《しょうじゃ》がたの王《おう》である阿弥陀仏《あみだぶつ》を礼拝《らいはい》したてまつる。

※善《よ》い行《おこな》いから清《きよ》らかなさとりの智慧《ちえ》を生《しょう》じることははかり知《し》れ

神足通　欲する所に自由に現れることができる不可思議な力。

他心通　他人の考えていることを知ることができる不可思議な力。

宿命通　自己や他人の過去のありさまを知ることができる不可思議な力。

十善　十種の善い行為のこと。①不殺生《ふせっしょう》（生きものを殺さないこと）、②不偸盗《ふちゅうとう》（ぬすみをしないこと）、③不邪婬《ふじゃいん》（よこしまな性の交わりを持たないこと）、④不妄語《ふもうご》（うそを言わないこと）、⑤不両舌《ふりょうぜつ》（人を仲たがいさせる言葉を言わないこと）、⑥不悪口《ふあっく》（人の悪口を言わないこと）、⑦不綺語《ふきご》（まことのないかざった言葉を言わないこと）、⑧不貪欲《ふとんよく》（むさぼりの心をおこさないこと）、⑨不瞋《ふしん》

ず、あらゆるものの中《なか》でもっともすぐれておられる。このようなわけで、わたしは帰依《きえ》したてまつる。

もし人《ひと》が仏《ほとけ》になろうと願《ねが》い、心《こころ》に阿弥陀仏《あみだぶつ》を念《ねん》じるなら、そのとき阿弥陀仏《あみだぶつ》はそのもののためにお姿《すがた》を現《あらわ》される。このようなわけで、わたしは帰依《きえ》したてまつる。

その仏《ほとけ》の本願《ほんがん》のはたらきによって、あらゆる世界《せかい》の菩薩《ぼさつ》がたはその国《くに》を訪《おとず》れて、阿弥陀仏《あみだぶつ》を供養《くよう》し教《おし》えを聴《き》く。このようなわけで、わたしは礼拝《らいはい》したてまつる。

その国《くに》の菩薩《ぼさつ》がたはみな、さまざまなすぐれた特徴《とくちょう》をそなえ、自《みずか》らその身《み》をうるわしくととのえておられる。わたしは今《いま》、帰《き》依《え》し礼拝《らいはい》したてまつる。

その国《くに》のすぐれた菩薩《ぼさつ》がたは毎日《まいにち》、朝《あさ》・昼《ひる》・夜《よる》の三度《さんど》、あらゆる世界《せかい》の仏《ほとけ》がたを供養《くよう》される。このようなわけで、礼拝《らいはい》したて

恚《に》（怒りの心をおこさないこと）、⑩不邪見《ふじゃけん》（よこしまな見解にとらわれないこと）をいう。

まつる。

たとえ人《ひと》が善根《ぜんごん》を積《つ》んだとしても、疑《うたが》いの心《こころ》を持《も》つならさとりの花《はな》は開《ひら》かない。信《しん》じる心《こころ》が清《きよ》らかであるなら、さとりの花《はな》は開《ひら》いて阿弥陀仏《あみだぶつ》を見《み》たてまつる。

すべての世界《せかい》に現《げん》においでになる仏《ほとけ》がたは、さまざまな方法《ほうほう》で、阿弥陀仏《あみだぶつ》の功徳《くどく》をたたえておられる。わたしは今《いま》、帰依《きえ》し礼拝《らいはい》したてまつる。

その国《くに》はこの上《うえ》なく美《うつく》しく飾《かざ》られており、あらゆる天《てん》の宮殿《きゅうでん》よりもすぐれ、功徳《くどく》はきわめて深《ふか》く厚《あつ》い。このようなわけで、仏《ほとけ》の足《あし》をおしいただいて礼拝《らいはい》したてまつる。

阿弥陀仏《あみだぶつ》の足《あし》にある*千輻輪《せんぷくりん》は、やわらかな蓮華《れんげ》の色《いろ》をしており、見《み》るものはみな歓喜《かんぎ》する。頭《あたま》を地《ち》につけ、仏《ほとけ》の足《あし》をおしいただいて礼拝《らいはい》したてまつる。

千輻輪　仏の足の裏にある輪宝《りんぽう》の模様。千の放射状の輻《や》（車輪の輻）があることからいう。仏の三十二相の一。

眉間《みけん》の白毫《びゃくごう》から放《はな》たれる光《ひかり》は、まるで清《きよ》らかな月《つき》のようで、そのお顔《かお》をますます輝《かがや》かす。頭《あたま》を地《ち》につけ、仏《ほとけ》の足《あし》をおしいただいて礼拝《らいはい》したてまつる。

かつて仏《ほとけ》のさとりを求《もと》めていた時《とき》、あらゆるすぐれた行《ぎょう》を修《おさ》められたことは、多《おお》くの経典《きょうてん》に説《と》かれている通《とお》りである。頭《あたま》を地《ち》につけて礼拝《らいはい》したてまつる。

その仏《ほとけ》がお説《と》きになる教《おし》えは、あらゆる罪《つみ》を取《と》り除《のぞ》き、うるわしい言葉《ことば》で多《おお》くの利益《りやく》をお与《あた》えになる。わたしは今《いま》、礼拝《らいはい》したてまつる。

このうるわしい言葉《ことば》で教《おし》えを説《と》いて、楽《たの》しみに執着《しゅうじゃく》する多《おお》くの病《やまい》を消《け》し去《さ》り、これまでも、今《いま》もなお、さとりの世界《せかい》へ渡《わた》しておられる。このようなわけで、礼拝《らいはい》したてまつる。

人々《ひとびと》や神々《かみがみ》の中《なか》でもっとも尊《とうと》ばれる仏《ほとけ》であるから、神々《かみがみ》は頭《あたま》を地《ち》につけて礼拝《らいはい》し、その七宝《しっぽう》の冠《かんむり》に仏《ほとけ》の足《あし》をおしいただく。このようなわけで、わたしは礼拝《らいはい》したてまつる。

すべての聖者《しょうじゃ》がた、およびあらゆる人々《ひとびと》や神々《かみがみ》は、みな同《おな》じく阿弥陀仏《あみだぶつ》に帰依《きえ》している。このようなわけで、わたしも礼拝《らいはい》したてまつる。

＊八正道《はっしょうどう》の船《ふね》に乗《の》って、渡《わた》ることが難《むずか》しい迷《まよ》いの海《うみ》を超《こ》え、自《みずか》ら迷《まよ》いの海《うみ》を渡《わた》り、他《ほか》のものも同《おな》じく渡《わた》しておられる。わたしは思《おも》いのままにお渡《わた》しになる仏《ほとけ》を礼拝《らいはい》したてまつる。

あらゆる仏《ほとけ》がたが、はかり知《し》れない長《なが》い時《とき》をかけて阿弥陀仏《あみだぶつ》の功徳《くどく》をほめたたえても、ほめ尽《つ》くすことはできない。清《きよ》らかな功《く》徳《どく》をそなえた阿弥陀仏《あみだぶつ》に帰依《きえ》したてまつる。

わたしも今《いま》、仏《ほとけ》がたと同《おな》じように、はかり知《し》れない功徳《くどく》をほめたてまつる。このよき行《おこな》いによって、どうか仏《ほとけ》よ、常《つね》にわたし

八正道の船　八正道《はっ》（八聖道《しょうどう》）の行は迷いの海を渡して涅槃《ねはん》に至らせるからこれを船に喩える。

を護念《ごねん》したまえ。
現在《げんざい》の世《よ》・過去《かこ》の世《よ》でわたしが積《つ》んださまざまな功徳《くどく》により、阿弥陀仏《あみだぶつ》のみもとで、心《こころ》が常《つね》に清《きよ》らかになることを願《ねが》う。よき行《おこな》いによって得《え》られたすばらしい功徳《くどく》を、すべての人々《ひとびと》もみな同《おな》じように得《え》ることを願《ねが》う。

【三】 また、過去《かこ》の世《よ》の毘婆尸仏《びばしぶつ》・尸棄仏《しきぶつ》・毘首婆伏仏《びしゅばぶくぶつ》・拘楼珊提仏《くるさんだいぶつ》・迦那迦牟尼仏《かなかむにぶつ》・迦葉仏《かしょうぶつ》・※釈迦牟尼仏《しゃかむにぶつ》、未来《みらい》の世《よ》の弥勒仏《みろくぶつ》を念《ねん》じるがよい。みな心《こころ》に念《ねん》じ、礼拝《らいはい》するがよい。偈《げ》をもってほめたたえよう。
毘婆尸仏《びばしぶつ》は、無憂《むう》という樹《き》の下《した》ですべてを知《し》る智慧《ちえ》を完成《かんせい》し、さまざまなすぐれた功徳《くどく》をそなえられた。ありのままに世界《せかい》をご覧《らん》になり、その心《こころ》はとらわれを離《はな》れておられた。わたしは今《いま》、大地《だいち》に身《み》を投《な》げ出《だ》して、この上《うえ》なく尊《とうと》い仏《ほとけ》に帰依《きえ》したてまつる。
尸棄仏《しきぶつ》は、分陀利《ふんだり》という樹《き》の下《した》に座《すわ》り、さとりを開《ひら》かれた。
そのすぐれたお姿《すがた》は並《なら》ぶものがなく、明《あか》るく輝《かがや》く紫磨金《しまこん》の山《やま》のようであった。わたしは今《いま》、自《みずか》ら迷《まよ》いの世界《せかい》でこの上《うえ》なく尊《とうと》い仏《ほとけ》に帰依《きえ》したてまつる。

＊毘首婆仏《びしゅばぶつ》は、娑羅《さら》という樹《き》の下《した》に座《すわ》り、おのずとすべてを知《し》るすぐれた智慧《ちえ》に到達《とうたつ》された。
あらゆる人々《ひとびと》や神々《かみがみ》の中《なか》でもっとも秀《ひい》でており、並《なら》ぶものはなかった。このようなわけで、わたしはすべてにおいてもっともすぐれた仏《ほとけ》に帰依《きえ》したてまつる。

＊迦求村提仏《かぐそんだいぶつ》は、尸利沙《しりしゃ》という樹《き》の下《した》でこの上《うえ》ないさとりを開《ひら》かれた。
大《おお》いなる智慧《ちえ》を完成《かんせい》され、永久《えいきゅう》に迷《まよ》いの世界《せかい》を離《はな》れられた。

毘首婆仏　長行《じょうごう》には「毘首婆伏仏」（二九頁）とある。

迦求村提仏　長行には「拘楼珊提仏」（二九頁）とある。

わたしは今《いま》、もっとも秀《ひい》でて並《なら》ぶもののない仏《ほとけ》に帰依《きえ》し礼拝《らいはい》したてまつる。

*迦那含牟尼仏《かなごんむにぶつ》は、優曇鉢《うどんば》という樹《き》の下《した》で仏《ほとけ》のさとりを開《ひら》かれた。すべてのものごとを見通《みとお》されているさまは、はかり知《し》ることができなかった。このようなわけで、わたしは、もっとも秀《ひい》でたこの上《うえ》なく尊《とうと》い仏《ほとけ》に帰依《きえ》したてまつる。

迦葉仏《かしょうぶつ》は、その眼《まなこ》が一対《いっつい》の蓮華《れんげ》のようであり、弱拘楼陀《にくるだ》という樹《き》の下《した》で仏《ほとけ》のさとりを開《ひら》かれた。迷《まよ》いの世界《せかい》で何《なに》ものにも恐《おそ》れることはなく、その歩《あゆ》みは象《ぞう》の王《おう》のようであった。わたしは今《いま》、自《みずか》らきわまりない功徳《くどく》の仏《ほとけ》に帰《き》依《え》し礼拝《らいはい》したてまつる。

釈迦牟尼仏《しゃかむにぶつ》は、阿輸陀《あしゅだ》という樹《き》の下《した》で悪魔《あくま》の軍勢《ぐんぜい》を退《しりぞ》けて、この上《うえ》ないさとりを開《ひら》かれた。

迦那含牟尼仏　長行には「迦那迦牟尼仏」（二九頁）とある。

そのお顔《かお》は満月《まんげつ》のように清《きよ》らかで欠《か》けるところがなかった。わたしは今《いま》、この上《うえ》なく雄々《おお》しい仏《ほとけ》を礼拝《らいはい》したてまつる。

未来《みらい》の世《よ》にお出《で》ましになる弥勒仏《みろくぶつ》は、那伽《なか》という樹《き》の下《した》に座《すわ》り、広大《こうだい》な心《こころ》を成就《じょうじゅ》し、おのずから仏《ほとけ》のさとりを開《ひら》かれるであろう。

その功徳《くどく》はきわめて堅固《けんご》で、これに勝《まさ》るものはないであろう。

このようなわけで、わたしは、自《みずか》ら並《なら》ぶもののないすぐれた教《おし》えを説《と》く仏《ほとけ》に帰依《きえ》したてまつる。

【三】 また、徳勝仏《とくしょうぶつ》・普明仏《ふみょうぶつ》・勝敵仏《しょうじゃくぶつ》・王相仏《おうそうぶつ》・相王仏《そうおうぶつ》・無量功徳明自在王仏《むりょうくどくみょうじざいおうぶつ》・薬王無礙仏《やくおうむげぶつ》・宝遊行仏《ほうゆぎょうぶつ》・宝華仏《ほうけぶつ》・安住仏《あんじゅうぶつ》・山王仏《せんのうぶつ》という仏《ほとけ》がたがおられる。同《おな》じように心《こころ》に念《ねん》じ、あつく敬《うやま》って礼拝《らいはい》するがよい。偈《げ》をもってほめたたえよう。
無勝世界《むしょうせかい》に、徳勝仏《とくしょうぶつ》と申《もう》しあげる仏《ほとけ》がおられる。わたしは今《いま》、その仏《ほとけ》と教《おし》え、その世界《せかい》の聖者《しょうじゃ》がたを礼拝《らいはい》したてまつる。

随意喜世界《ずいいきせかい》に、普明仏《ふみょうぶつ》と申《もう》しあげる仏《ほとけ》がおられる。わたしは今《いま》、自《みずか》らその仏《ほとけ》と教《おし》え、その世界《せかい》の聖者《しょうじゃ》がたに帰依《きえ》したてまつる。

普賢世界《ふげんせかい》に、勝敵仏《しょうじゃくぶつ》と申《もう》しあげる仏《ほとけ》がおられる。わたしは今《いま》、その仏《ほとけ》と教《おし》え、その世界《せかい》の聖者《しょうじゃ》がたに帰依《きえ》し礼拝《らいはい》したてまつる。

善浄集世界《ぜんじょうじゅうせかい》に、*王幢相仏《おうどうそうぶつ》と申《もう》しあげる仏《ほとけ》がおられる。わたしは今《いま》、その仏《ほとけ》と教《おし》え、その世界《せかい》の聖者《しょうじゃ》がたを礼拝《らいはい》したてまつる。

離垢集世界《りくじゅうせかい》に、*無量功徳明仏《むりょうくどくみょうぶつ》と申《もう》しあげる仏《ほとけ》がおられ、あらゆる世界《せかい》を自由自在《じゆうじざい》に行《い》き来《き》されている。このようなわけで、礼拝《らいはい》したてまつる。

不誑世界《ふおうせかい》に、*無礙薬王仏《むげやくおうぶつ》と申《もう》しあげる仏《ほとけ》がおられる。わたしは

王幢相仏　長行《じょうごう》の「王相仏」「相王仏」（三二頁）の二仏のことか。

無量功徳明仏　長行には「無量功徳明自在王仏」（三二頁）とある。

無礙薬王仏　長行には「薬王無礙仏」（三二頁）とある。

今《いま》、頭《あたま》を地《ち》につけてその仏《ほとけ》と教《おし》え、その世界《せかい》の聖者《しょうじゃ》がたを礼《らい》拝《はい》したてまつる。

今集世界《こんじゅうせかい》に、宝遊行仏《ほうゆぎょうぶつ》と申《もう》しあげる仏《ほとけ》がおられる。わたしは今《いま》、頭《あたま》を地《ち》につけてその仏《ほとけ》と教《おし》え、その世界《せかい》の聖者《しょうじゃ》がたを礼《らい》拝《はい》したてまつる。

美音世界《みおんせかい》に、*宝華安立山王仏《ほうけあんりゅうせんのうぶつ》と申《もう》しあげる仏《ほとけ》がおられる。わたしは今《いま》、頭《あたま》を地《ち》につけてその仏《ほとけ》と教《おし》え、その世界《せかい》の聖者《しょうじゃ》がたを礼拝《らいはい》したてまつる。

今《いま》この仏《ほとけ》がたは、東方《とうほう》の世界《せかい》においでになる。わたしはあつく敬《うやま》う心《こころ》をもってほめたたえ、帰依《きえ》し礼拝《らいはい》したてまつる。

どうか仏《ほとけ》がたよ、深《ふか》く慈《いつく》しみ哀《あわ》れむ心《こころ》から、そのお姿《すがた》をわたしの前《まえ》に現《あらわ》し、すべてをまのあたりにさせたまえ。

【一四】また次《つぎ》に、過去《かこ》・未来《みらい》・現在《げんざい》の仏《ほとけ》がたをみな念《ねん》じ、あつく敬《うやま》

宝華安立山王仏　長行《じょうごう》の「宝華仏」「安住仏」「山王仏」（三二頁）の三仏のことか。

って礼拝《らいはい》するがよい。偈《げ》をもってほめたたえよう。

過去《かこ》の世《よ》におられた仏《ほとけ》がたは、あらゆる悪魔《あくま》の軍勢《ぐんぜい》を退《しりぞ》けて、大《おお》いなる智慧《ちえ》の力《ちから》をもって、広《ひろ》く人々《ひとびと》に利益《りやく》をお与《あた》えになられた。

その時《とき》のあらゆる人々《ひとびと》は、心《こころ》を尽《つく》してこの仏《ほとけ》がたを供養《くよう》し、あつく敬《うやま》いほめたたえた。このようなわけで、頭《あたま》を地《ち》につけて礼《らい》拝《はい》したてまつる。

現在《げんざい》の世《よ》においでになる数知《かずし》れない仏《ほとけ》がたは、ガンジス河《がわ》の砂《すな》の数《かず》よりも多《おお》く限《かぎ》りがない。

あらゆる人々《ひとびと》を慈《いつく》しみ哀《あわ》れむ心《こころ》から、常《つね》にすばらしい教《おし》えをお説《と》きになっている。このようなわけで、わたしはあつく敬《うやま》い、帰依《きえ》し礼拝《らいはい》したてまつる。

未来《みらい》の世《よ》にお出《で》ましになる仏《ほとけ》がたは、そのすぐれたお姿《すがた》が黄金《おうごん》の山《やま》のようで、放《はな》たれる光明《こうみょう》は限《かぎ》りがない。さまざまなすぐれた特徴《とくちょう》で自《みずか》らをうるわしくととのえておられる。世《よ》にお出《で》ましになって人々《ひとびと》に迷《まよ》いの海《うみ》を渡《わた》らせ、涅槃《ねはん》にお入《はい》りになるであろう。このようなすべての仏《ほとけ》がたを、わたしは今《いま》、頭《あたま》を地《ち》につけて礼拝《らいはい》したてまつる。

【一五】また、あらゆるすぐれた菩薩《ぼさつ》がたを心《こころ》に念《ねん》じるがよい。善意《ぜんい》菩薩《ぼさつ》・善眼《ぜんげん》菩薩《ぼさつ》・聞月《もんがつ》菩薩《ぼさつ》・尸毘王《しびおう》菩薩《ぼさつ》・一切勝《いっさいしょう》菩薩《ぼさつ》・知大地《ちだいじ》菩薩《ぼさつ》・大薬《だいやく》菩薩《ぼさつ》・鳩舎《くしゃ》菩薩《ぼさつ》・阿離念弥《ありねんみ》菩薩《ぼさつ》・頂生王《ちょうしょうおう》菩薩《ぼさつ》・喜見《きけん》菩薩《ぼさつ》・鬱多羅《うったら》菩薩《ぼさつ》・薩和檀《さつわだん》菩薩《ぼさつ》・長寿王《ちょうじゅおう》菩薩《ぼさつ》・羼提《せんだい》菩薩《ぼさつ》・韋藍《いらん》菩薩《ぼさつ》・睒《せん》菩薩《ぼさつ》・月蓋《がつがい》菩薩《ぼさつ》・明首《みょうしゅ》菩薩《ぼさつ》・法首《ほうしゅ》菩薩《ぼさつ》・成利《じょうり》菩薩《ぼさつ》・弥勒《みろく》菩薩《ぼさつ》である。また金剛蔵《こんごうぞう》菩薩《ぼさつ》・金剛首《こんごうしゅ》菩薩《ぼさつ》・無垢蔵《むくぞう》菩薩《ぼさつ》・無垢称《むくしょう》菩薩《ぼさつ》・除疑《じょぎ》菩薩《ぼさつ》・無垢徳《むくとく》菩薩《ぼさつ》・網明《もうみょう》菩薩《ぼさつ》・無量明《むりょうみょう》菩薩《ぼさつ》・大明《だいみょう》菩薩《ぼさつ》・無尽意《むじんい》菩薩《ぼさつ》・意王《いおう》菩薩《ぼさつ》・無辺意《むへんい》菩薩《ぼさつ》・日音《にっとん》菩薩《ぼさつ》・月音《がっとん》菩薩《ぼさつ》・美音《みおん》菩《ぼ》

薩《さつ》・美音声菩薩《みおんじょうぼさつ》・大音声菩薩《だいおんじょうぼさつ》・堅精進菩薩《けんしょうじんぼさつ》・常堅菩薩《じょうけんぼさつ》・堅発菩薩《けんぽつぼさつ》・荘厳王菩薩《しょうごんおうぼさつ》・常悲菩薩《じょうひぼさつ》・常不軽菩薩《じょうふきょうぼさつ》・法上菩薩《ほうじょうぼさつ》・法意菩薩《ほういぼさつ》・法喜菩薩《ほうきぼさつ》・法首菩薩《ほうしゅぼさつ》・法積菩薩《ほうしゃくぼさつ》・発精進菩薩《ほっしょうじんぼさつ》・智慧菩薩《ちえぼさつ》・浄威徳菩薩《じょういとくぼさつ》・那羅延菩薩《ならえんぼさつ》・善思惟菩薩《ぜんしゆいぼさつ》・法思惟菩薩《ほうしゆいぼさつ》・跋陀波羅菩薩《ばつだはらぼさつ》・法益菩薩《ほうやくぼさつ》・高徳菩薩《こうとくぼさつ》・師子遊行菩薩《ししゆぎょうぼさつ》・喜根菩薩《きこんぼさつ》・上宝月菩薩《じょうほうがつぼさつ》・不虚徳菩薩《ふことくぼさつ》・竜徳菩薩《りゅうとくぼさつ》・文殊師利菩薩《もんじゅしりぼさつ》・妙音菩薩《みょうおんぼさつ》・雲音菩薩《うんのんぼさつ》・勝意菩薩《しょういぼさつ》・照明菩薩《しょうみょうぼさつ》・勇衆菩薩《ゆうしゅぼさつ》・勝衆菩薩《しょうしゅぼさつ》・威儀菩薩《いぎぼさつ》・師子意菩薩《ししいぼさつ》・上意菩薩《じょういぼさつ》・益意菩薩《やくいぼさつ》・増意菩薩《ぞういぼさつ》・宝明菩薩《ほうみょうぼさつ》・慧頂菩薩《えちょうぼさつ》・楽説頂菩薩《ぎょうせつちょうぼさつ》・有徳菩薩《うとくぼさつ》・観世自在王菩薩《かんぜじざいおうぼさつ》・陀羅尼自在王菩薩《だらにじざいおうぼさつ》・大自在王菩薩《だいじざいおうぼさつ》・無憂徳菩薩《むうとくぼさつ》・不虚見菩薩《ふこけんぼさつ》・離悪道菩薩《りあくどうぼさつ》・一切勇健菩薩《いっさいゆうごんぼさつ》・破闇菩薩《はあんぼさつ》・功徳宝菩薩《くどくほうぼさつ》・華威徳菩薩《けいとくぼさつ》・金瓔珞明徳菩薩《こんようらくみょうとくぼさつ》・離諸陰蓋菩薩《りしょおんがいぼさつ》・心無礙菩薩《しんむげぼさつ》・一切行浄菩薩《いっさいぎょうじょうぼさつ》・等見菩薩《とうけんぼさつ》・不等見菩薩《ふとうけんぼさつ》・三昧遊戯菩薩《さんまいゆげぼさつ》・法自在菩薩《ほうじざいぼさつ》・法相菩薩《ほっそうぼさつ》・明荘厳菩薩《みょうしょうごんぼさつ》・大荘厳菩薩《だいしょうごんぼさつ》・宝頂菩《ほうちょうぼ》

薩《さつ》・宝印手菩薩《ほういんしゅぼさつ》・常挙手菩薩《じょうこしゅぼさつ》・常下手菩薩《じょうげしゅぼさつ》・常惨菩薩《じょうさんぼさつ》・常喜菩《じょうきぼ》薩《さつ》・喜王菩薩《きおうぼさつ》・得弁才音声菩薩《とくべんざいおんじょうぼさつ》・虚空雷音菩薩《こくうらいおんぼさつ》・持宝炬菩薩《じほうこぼさつ》・勇《ゆう》施菩薩《せぼさつ》・帝網菩薩《たいもうぼさつ》・馬光菩薩《めこうぼさつ》・空無礙菩薩《くうむげぼさつ》・宝勝菩薩《ほうしょうぼさつ》・天王菩《てんのうぼ》薩《さつ》・破魔菩薩《はまぼさつ》・電徳菩薩《でんとくぼさつ》・自在菩薩《じざいぼさつ》・頂相菩薩《ちょうそうぼさつ》・出過菩薩《しゅつかぼさつ》・師子《しし》吼菩薩《くぼさつ》・雲蔭菩薩《うんのんぼさつ》・能勝菩薩《のうしょうぼさつ》・山相幢王菩薩《せんそうどうおうぼさつ》・香象菩薩《こうぞうぼさつ》・大香象《だいこうぞう》菩薩《ぼさつ》・白香象菩薩《びゃくこうぞうぼさつ》・常精進菩薩《じょうしょうじんぼさつ》・不休息菩薩《ふくそくぼさつ》・妙生菩薩《みょうしょうぼさつ》・華荘《けしょう》厳菩薩《ごんぼさつ》・観世音菩薩《かんぜおんぼさつ》・得大勢菩薩《とくだいせいぼさつ》・水王菩薩《すいおうぼさつ》・山王菩薩《せんのうぼさつ》・帝網菩《たいもうぼ》薩《さつ》・宝施菩薩《ほうせぼさつ》・破魔菩薩《はまぼさつ》・荘厳国土菩薩《しょうごんこくどぼさつ》・金髻菩薩《こんけいぼさつ》・珠髻菩薩《しゅけいぼさつ》など、さまざまなすぐれた菩薩《ぼさつ》がたがおられる。みな心《こころ》に念《ねん》じ、あつく敬《うやま》って礼拝《らいはい》し、不退転《ふたいてん》の位《くらい》を求《もと》めるがよい。

浄《じょう》土《ど》論《ろん》

本書は、天親《てんじん》菩薩が「無量寿経《むりょうじゅきょう》」によってみずからの願生の意を述べたもので、つぶさには『無量寿経優婆提舎願生偈《うばだいしゃがんしょうげ》』といい、一般に『浄土論』とも『往生論』ともまた『論』とも呼ばれる。

本文は、二十四行九十六句の偈頌《げじゅ》（詩句）と、三千字たらずの長行《じょうごう》（散文）とからなっている。その偈頌の部分は、最初に帰敬頌《ききょうじゅ》がおかれ、天親菩薩自身の阿弥陀仏への帰命と願生浄土の思念とが表白される。ついで、造論の意趣が示され、つづけて、安楽国土と阿弥陀仏およびその聖衆《しょうじゅ》の三種の荘厳相《しょうごんそう》が二十九種にわたって讃詠されている。末尾には、偈頌の結びとして、あまねく衆生とともに往生することを願う回向《えこう》の意が示されている。つぎの長行は前の偈頌を解釈した部分で、そこでは往生浄土の行としての五念門（礼拝《らいはい》・讃嘆《さんだん》・作願《さがん》・観察《かんざつ》・回向）が開示され、その五念門の果徳としての五種門（近門《ごんもん》・大会衆門《だいえしゅもん》・宅門《たくもん》・屋門《おくもん》・園林遊戯地門《おんりんゆげじもん》）が説かれている。

本書は、往生浄土の行を大乗仏教の実践道として明確化したものであり、本書の最初の註釈書である曇《どん》鸞《らん》大師の『往生論註』をとおして、後世の浄土教思想に多大な影響を与えた。

無《む》量《りょう》寿《じゅ》経《きょう》優《う》婆《ば》提《だい》舎《しゃ》願《がん》生《しょう》偈《げ》

※婆藪槃頭《ばそばんず》*菩薩《ぼさつ》造《つく》る　※後魏《こうぎ》の菩提流支《ぼだいるし》訳《やく》す

【一】*世尊《せそん》よ、わたしは一心《いっしん》に*尽十方無碍光如来《じんじっぽうむげこうにょらい》に*帰命《きみょう》したてまつり、*安楽国《あんらくこく》に生《うま》れたいと願《ねが》う。

【二】わたしは、※無量寿経《むりょうじゅきょう》に説《と》かれている真実《しんじつ》の*荘厳功徳《しょうごんくどく》の相《そう》にしたがい、仏《ほとけ》の教《おし》えと一致《いっち》する*願生《がんしょう》の偈《げ》という*陀羅尼《だらに》を示《しめ》そう。

【三】安楽国《あんらくこく》の荘厳功徳《しょうごんくどく》の相《そう》を*観察《かんざつ》すると、迷《まよ》いの世界《せかい》に超《こ》えすぐれている。

大空《おおぞら》のようにどこまでも果《は》てしなく、広大《こうだい》できわまりがない。

菩薩　梵語ボーディサットヴァの音写である菩提薩埵《ぼだいさった》の略語。さとりを求める者。大乗《だいじょう》仏教では自らさとりを求め（上求菩提《じょうぐぼだい》）、すべての衆生《しゅじょう》を利益《りやく》しようとする（下化《げけ》衆生）者のことをいう。

世尊　世界中で最も尊い者、世間で尊重される者という意。如来の十種の称号（如来の十号）の一。

尽十方無碍光如来　阿弥陀《あみだ》仏《ぶつ》の徳をあらわす名。智慧《ちえ》の光で十方世界を照らして、さわりなく衆生を救ってくださる仏という意。

帰命　心から敬い礼拝すること。

安楽国　阿弥陀仏の浄土のこと。この国には苦悩がなく、安穏快楽《あんのんけらく》であるから、このようにいう。

荘厳功徳の相　うるわしく

さとりの大《おお》いなる*慈悲《じひ》と、少《すこ》しも*煩悩《ぼんのう》の汚《けが》れのない*善根《ぜんごん》から生《しょう》じている。

清《きよ》らかな*光明《こうみょう》が満《み》ちわたっており、まるで鏡《かがみ》と太陽《たいよう》や月《つき》のようである。

多《おお》くのすばらしい宝石《ほうせき》でできたものをそなえ、すぐれた功徳《くどく》でうるわしくととのえられている。

煩悩《ぼんのう》の汚《けが》れのない光明《こうみょう》が燃《も》えるように輝《かがや》き、明《あか》るく清《きよ》らかにその世界《せかい》を照《て》らし出《だ》す。

宝石《ほうせき》でできた草《くさ》が、柔《やわ》らかく左右《さゆう》になびいている。触《ふ》れるものにすぐれた楽《たの》しみが生《しょう》じることは、*迦旃隣陀《かせんりんだ》を超《こ》えている。

何千万種《なんぜんまんしゅ》もの宝石《ほうせき》でできた花《はな》が、池《いけ》・川《かわ》・泉《いずみ》をあまねく覆《おお》っている。そよ風《かぜ》になびくその花《はな》や葉《は》は、入《い》り交《ま》じってきらきらと輝《かがや》く。

ととのえられた功徳（さとりのはたらき）のすがた。

願生の偈　天親《てんじん》菩薩《ぼさつ》が浄土を願生する旨を述べた偈頌《げじゅ》。

陀羅尼　仏の教えの精要《せいよう》がおさめられた章句《しょうく》のこと。

観察　智慧で物事の道理をありのままに観《み》ること。

慈悲　苦を除き楽を与えること。衆生《しゅじょう》をいつくしんで楽を与える（与楽《よらく》）ことを慈、衆生を憐れみいたんで苦を抜く（抜苦《ばっく》）ことを悲という。

煩悩　身心を煩《わずら》わせ、悩ませる精神作用の総称。衆生はこの煩悩によって業《ごう》を起し、苦報《くほう》を受けて迷界に流《る》転《てん》する。

善根　あらゆる善を生ずるもとのこと。功徳のたね。

光明　仏・菩薩の身心にそなわる光。迷いの闇を破し、宮殿《きゅうでん》やさまざまな楼閣《ろうかく》が立《た》ち並《なら》んでいながら、どの方角《ほうがく》を見《み》てもさまたげられることがない。さまざまな樹々《きぎ》はそれぞれに光輝《ひかりかがや》き、宝石《ほうせき》でできた玉垣《たまがき》がいたるところにめぐりわたっている。

数限《かずかぎ》りない宝石《ほうせき》の交《まじ》わった網飾《あみかざ》りが、大空《おおぞら》を覆《おお》っている。さまざまな鈴《すず》が鳴《な》り響《ひび》いて、すばらしい教《おし》えを説《と》き述《の》べている。うるわしい花《はな》と衣《ころも》が降《ふ》りそそぎ、多《おお》くの香《かお》りがすみずみにまで満《み》ちている。

仏《ほとけ》の智慧《ちえ》*は太陽《たいよう》のように明《あか》るく清《きよ》らかで、世間《せけん》の煩悩《ぼんのう》の闇《やみ》を除《のぞ》き去《さ》る。※

清《きよ》らかな言葉《ことば》は、奥深《おくぶか》くすぐれていて、すべての世界《せかい》に響《ひび》きわたる。

この上《うえ》ないさとりを開《ひら》かれた阿弥陀仏《あみだぶつ》※が、仏法《ぶっぽう》の王《おう》としてこ

真理をさとりあらわす仏・菩薩の智慧を象徴するもの。とくに阿弥陀仏については、『大経《だいきょう》』に無量光などの十二光をもってその光明の徳が示されている。

迦旃隣陀　インドにあるやわらかな草とする説と、鳥の名とする説がある。

智慧　物事を正しくとらえ、真理を見きわめる力。

の世界《せかい》におられる。

浄土《じょうど》の聖者《しょうじゃ》がたは、みな仏《ほとけ》のさとりの花《はな》からおのずと生《うま》れる。

仏《ほとけ》の教《おし》えの味《あじ》わいや*禅定《ぜんじょう》を好《この》んで食事《しょくじ》とする。

永久《えいきゅう》に身心《しんしん》の苦悩《くのう》を離《はな》れ、楽《たの》しみが絶《た》えることはない。

*大乗《だいじょう》の善根《ぜんごん》より生《しょう》じた世界《せかい》は、※すべてが等《ひと》しく、そこには不《ふ》快《かい》なそしりの名《な》はない。女性《じょせい》であるとか、身心《しんしん》が不自由《ふじゆう》であるとか、また自《みずか》らのさとりだけを求《もと》めるものといったそしりを受《う》けるものはいない。

人々《ひとびと》が願《ねが》い求《もと》めるところは、すべて満《み》たされる。

【四】

このようなわけで、わたしは阿弥陀仏《あみだぶつ》の国《くに》に生《うま》れたいと願《ねが》う。

数限《かずかぎ》りないもっともすぐれた宝石《ほうせき》でできた、清《きよ》らかですばらしい蓮《はす》の花《はな》の台座《だいざ》がある。

仏《ほとけ》の身《み》にそなわる光明《こうみょう》は*一尋《いちじん》で、姿《すがた》かたちは人々《ひとびと》に超《こ》えすぐ

禅定　精神を統一し、安定させること。

大乗　大きな乗物という意。教法《きょうぼう》は衆生《しゅじょう》をさとりに向かわせる乗物であるから乗といい、大乗とは、自らさとりを求めるとともに、広く一切衆生をも救済しようとする自利《じり》・利他《りた》の教えをいう。小乗に対する語。

一尋　尋は長さの単位。両手を左右に広げたときの長さを一尋とする。

れている。

仏《ほとけ》のすばらしい声《こえ》は、清《きよ》らかに響《ひび》いてすべての世界《せかい》に聞《きこ》えわたる。

仏《ほとけ》の心《こころ》は、＊地《じ》・水《すい》・火《か》・風《ふう》・空《くう》と同《おな》じように、何《なに》ものにもわけへだてがない。

ゆるぎない心《こころ》をそなえた浄土《じょうど》の神々《かみがみ》や人々《ひとびと》は、清《きよ》らかなさとりの智慧《ちえ》の海《うみ》から生《うま》れる。

その仏《ほとけ》は＊須弥山《しゅみせん》のようであり、そのすばらしさにまさるものはない。

浄土《じょうど》の神々《かみがみ》・人々《ひとびと》・菩薩《ぼさつ》がたは、仏《ほとけ》をあつく敬《うやま》ってそのまわりをめぐり、仰《あお》ぎ見《み》るのである。

阿弥陀仏《あみだぶつ》を観察《かんざつ》すると、その＊本願《ほんがん》のはたらきに出遇《であ》って、いたずらに迷《まよ》いの生死《しょうじ》を繰《く》り返《かえ》すものはなく、速《すみ》やかに大《おお》いな

地水火風空　すべての物質を構成する五種の元素。①地大《じだい》（堅さを性質とし、ものを保持する作用のあるもの）、②水大《すいだい》（うるおいを性質とし、ものをおさめあつめる作用のあるもの）、③火大《かだい》（熱さを性質とし、ものを成熟させる作用のあるもの）、④風大《ふうだい》（動きを性質とし、ものを成長させる作用のあるもの）、⑤空大《くうだい》（さまたげがないことを性質とし、さわりとならない作用のあるもの）をいう。

須弥山　須弥は梵語スメールの音写。古代インドの世界観によるもので、世界の中心に高くそびえる巨大な山。

本願　菩薩が修行している時におこした誓い。あらゆる衆生を救済するための根本となる願い。

る宝《たから》の海《うみ》のような功徳《くどく》を満足《まんぞく》させてくださる。

【五】

安楽国《あんらくこく》は清《きよ》らかであり、あらゆる世界《せかい》を照《て》らす*化身《けしん》の仏《ぶつ》・菩《ぼ》薩《さつ》は、煩悩《ぼんのう》の汚《けが》れのない教《おし》えを常《つね》に説《と》いていながらも、須弥《しゅみ》山《せん》のように不動《ふどう》である。

その身《み》にそなわる汚《けが》れのない光《ひかり》が、時《とき》を経《へ》ず一斉《いっせい》に、広《ひろ》くさまざまな仏《ほとけ》がたの説法《せっぽう》の座《ざ》を照《て》らし、あらゆる人々《ひとびと》に利益《りやく》をもたらす。

うるわしい音楽《おんがく》、花《はな》や衣《ころも》、すばらしい香《かお》りなどを降《ふ》りそそいで供養《くよう》し、わけへだてする心《こころ》なくあらゆる仏《ほとけ》がたの功徳《くどく》をほめたたえる。

功徳《くどく》の宝《たから》である仏《ほとけ》の教《おし》えがなければ、どのような世界《せかい》であっても、わたしはそこに生《うま》れ、仏《ほとけ》のように教《おし》えを説《と》き示《しめ》したいと願《ねが》う。

化身　衆生《しゅじょう》の素質や能力に応じて、さまざまに現れた身。

【六】わたしは論《ろん》を作《つく》り偈《げ》を示《しめ》した。阿弥陀仏《あみだぶつ》を見《み》たてまつり、広《ひろ》くすべての人々《ひとびと》とともに、安楽国《あんらくこく》に生《うま》れたいと願《ねが》う。

【七】無量寿経《むりょうじゅきょう》の言葉《ことば》を、わたしは偈《げ》によってすべて示《しめ》し終《お》えた。

【八】論《ろん》じていう。この願生《がんしょう》の偈《げ》は、どのような内容《ないよう》を明《あき》らかにするのか。安楽国《あんらくこく》を観察《かんざつ》することを示《しめ》している。阿弥陀仏《あみだぶつ》を見《み》たてまつり、その国《くに》に生《うま》れたいと願《ねが》うからである。

【九】どのように観察《かんざつ》し、どのように信心《しんじん》をおこすのか。

もし善良《ぜんりょう》なものが、五念門《ごねんもん》の行《ぎょう》を修《おさ》めて成就《じょうじゅ》したなら、ついには必《かなら》ず安楽国《あんらくこく》に生《うま》れ、阿弥陀仏《あみだぶつ》を見《み》たてまつることができる。五念《ごねん》門《もん》とは何《なに》かというと、一つには礼拝門《らいはいもん》、二《ふた》つには讃嘆門《さんだんもん》、三《みっ》つには作願門《さがんもん》、四《よっ》つには観察門《かんざつもん》、五《いつ》つには回向門《えこうもん》である。

どのように礼拝《らいはい》するのかというと、身《み》で*如来《にょらい》・応供《おうぐ》・正遍知《しょうへんち》である阿弥陀仏《あみだぶつ》を礼拝《らいはい》したてまつるのである。その国《くに》に生《うま》れたいと思《おも》

如来応供正遍知　如来は、真如《しんにょ》（真理）より現れ来った者、あるいは真如をさとった者の意で、仏のこと。応供・正遍知は如来の十種の称号（如来の十号）の一。

うからである。

どのように讃嘆《さんだん》するのかというと、口《くち》で讃嘆《さんだん》するのである。すなわち、阿弥陀仏《あみだぶつ》の光明《こうみょう》という智慧《ちえ》の相《そう》の通《とお》りに、また名《な》のいわれの通《とお》りに、阿弥陀仏《あみだぶつ》の名《な》を称《たた》えるのである。＊如実《にょじつ》に＊相応《そうおう》を修《おさ》めたいと思《おも》うからである。

どのように作願《さがん》するのかというと、心《こころ》で常《つね》に願《ねが》うのである。すなわち、ついには必《かなら》ず安楽国《あんらくこく》に生《う》まれたいと一心《いっしん》にもっぱら念《ねん》じるのである。如実《にょじつ》に＊奢摩他《しゃまた》を修《おさ》めたいと思《おも》うからである。

どのように観察《かんざつ》するのかというと、智慧《ちえ》で観察《かんざつ》するのである。すなわち、その国《くに》を正《ただ》しい思《おも》いで観察《かんざつ》するのである。如実《にょじつ》に＊毘婆舎那《びばしゃな》を修《おさ》めたいと思《おも》うからである。この観察《かんざつ》に三種《さんしゅ》がある。三種《さんしゅ》とは何《なに》かというと、一《ひと》つには阿弥陀仏《あみだぶつ》の国土《こくど》の荘厳功徳《しょうごんくどく》を観察《かんざつ》すること、二《ふた》つには阿弥陀仏《あみだぶつ》の荘厳功徳《しょうごんくどく》を観察《かんざつ》すること、三《みっ》つにはその国《くに》の

如実　正しく、真実にかなうこと。

相応　奢摩他・毘婆舎那を修めるための前段階としての行。加行《けぎょう》のこと。

奢摩他　梵語シャマタの音写。観《かん》と並べて止観といわれる。散乱した心を離れ、思いを止《とど》めて心が寂静になった状態。

毘婆舎那　梵語ヴィパシュヤナーの音写。止《し》と並べて止観といわれる。禅定《ぜんじょう》によって得られる静かな心で、対象をありのままに正しく観察すること。

菩薩《ぼさつ》の荘厳功徳《しょうごんくどく》を観察《かんざつ》することである。

どのように回向《えこう》するのかというと、苦《くる》しみ悩《なや》むすべての人々《ひとびと》を捨《す》てることなく救《すく》いたいと心《こころ》で常《つね》に願《ねが》い、回向《えこう》を何《なに》より大切《たいせつ》なこととする。大《おお》いなる慈悲《じひ》の心《こころ》を成就《じょうじゅ》しようとするからである。

【一〇】どのように阿弥陀仏《あみだぶつ》の国土《こくど》の荘厳功徳《しょうごんくどく》を観察《かんざつ》するのかというと、その荘厳功徳《しょうごんくどく》は、不可思議《ふかしぎ》なはたらきを成就《じょうじゅ》しており、そのはたらきは*摩尼如意宝《まにによいほう》の性質《せいしつ》とよく似《に》ている。阿弥陀仏《あみだぶつ》の国土《こくど》の荘厳功徳《しょうごんくどく》の成就《じょうじゅ》を観察《かんざつ》するのに、十七種《じゅうしちしゅ》があると知《し》るがよい。十七種《じゅうしちしゅ》とは何《なに》かというと、一《ひと》つには荘厳清浄功徳《しょうごんしょうじょうくどく》の成就《じょうじゅ》、二《ふた》つには荘厳無量功徳《しょうごんむりょうくどく》の成就《じょうじゅ》、三《みつ》つには荘厳性功徳《しょうごんしょうくどく》の成就《じょうじゅ》、四《よつ》つには荘厳形相功徳《しょうごんぎょうそうくどく》の成就《じょうじゅ》、五《いつ》つには荘厳種々事功徳《しょうごんしゅじゅじくどく》の成就《じょうじゅ》、六《むつ》つには荘厳妙色功徳《しょうごんみょうしきくどく》の成就《じょうじゅ》、七《なな》つには荘厳触功徳《しょうごんそくくどく》の成就《じょうじゅ》、八《やつ》つには荘厳三種功徳《しょうごんさんしゅくどく》の成就《じょうじゅ》、九《ここの》つには荘厳雨功徳《しょうごんうくどく》の成就《じょうじゅ》、十《とお》には荘《しょう》

摩尼如意宝　意のままに財宝や衣服、飲みものや食べものなどを出す徳をもつ宝珠。また悪を断ち、濁水を清らかにし、禍《わざわい》を除く徳をもつともいう。

厳光明功徳《ごんこうみょうくどく》の成就《じょうじゅ》、十一《じゅういち》には荘厳妙声功徳《しょうごんみょうしょうくどく》の成就《じょうじゅ》、十二《じゅうに》には荘厳主功徳《しょうごんしゅくどく》の成就《じょうじゅ》、十三《じゅうさん》には荘厳眷属功徳《しょうごんけんぞくくどく》の成就《じょうじゅ》、十四《じゅうし》には荘《しょう》厳受用功徳《ごんじゅゆうくどく》の成就《じょうじゅ》、十五《じゅうご》には荘厳無諸難功徳《しょうごんむしょなんくどく》の成就《じょうじゅ》、十六《じゅうろく》には荘厳大義門功徳《しょうごんだいぎもんくどく》の成就《じょうじゅ》、十七《じゅうしち》には荘厳一切所求満足功徳《しょうごんいっさいしょぐまんぞくくどく》の成就《じょうじゅ》である。

荘厳清浄功徳《しょうごんしょうじょうくどく》の成就《じょうじゅ》とは、偈《げ》に「安楽国《あんらくこく》の荘厳功徳《しょうごんくどく》の相《そう》を観《かん》察《ざつ》すると、迷《まよ》いの世界《せかい》に超《こ》えすぐれている」と示《しめ》している。

荘厳無量功徳《しょうごんむりょうくどく》の成就《じょうじゅ》とは、偈《げ》に「大空《おおぞら》のようにどこまでも果《は》てしなく、広大《こうだい》できわまりがない」と示《しめ》している。

荘厳性功徳《しょうごんしょうくどく》の成就《じょうじゅ》とは、偈《げ》に「さとりの大《おお》いなる慈悲《じひ》と、少《すこ》しも煩悩《ぼんのう》の汚《けが》れのない善根《ぜんごん》から生《しょう》じている」と示《しめ》している。

荘厳形相功徳《しょうごんぎょうそうくどく》の成就《じょうじゅ》とは、偈《げ》に「清《きょ》らかな光明《こうみょう》が満《み》ちわたっており、まるで鏡《かがみ》と太陽《たいよう》や月《つき》のようである」と示《しめ》している。

荘厳種々《しょうごんしゅじゅ》事《じ》功徳《くどく》の成就《じょうじゅ》とは、偈《げ》に「多《おお》くのすばらしい宝石《ほうせき》でできたものをそなえ、すぐれた功徳《くどく》でうるわしくととのえられている」と示《しめ》している。

荘厳妙色《しょうごんみょうしき》功徳《くどく》の成就《じょうじゅ》とは、偈《げ》に「煩悩《ぼんのう》の汚《けが》れのない光明《こうみょう》が燃《も》えるように輝《かがや》き、明《あか》るく清《きよ》らかにその世界《せかい》を照《て》らし出《だ》す」と示《しめ》している。

荘厳触《しょうごんそく》功徳《くどく》の成就《じょうじゅ》とは、偈《げ》に「宝石《ほうせき》でできた草《くさ》が、柔《やわ》らかく左《さ》右《ゆう》になびいている。触《ふ》れるものにすぐれた楽《たの》しみが生《しょう》じることは、迦旃隣陀《かせんりんだ》を超《こ》えている」と示《しめ》している。

荘厳三種《しょうごんさんしゅ》功徳《くどく》の成就《じょうじゅ》とは、三種《さんしゅ》があると知《し》るがよい。三種《さんしゅ》とは何《なに》かというと、一《ひと》つには水《すい》、二《ふた》つには地《じ》、三《みっ》つには虚空《こくう》である。

荘厳水《しょうごんすい》功徳《くどく》の成就《じょうじゅ》とは、偈《げ》に「何千万種《なんぜんまんしゅ》もの宝石《ほうせき》でできた花《はな》が、池《いけ》・川《かわ》・泉《いずみ》をあまねく覆《おお》っている。そよ風《かぜ》になびくその花《はな》や葉《は》は、入《い》り交《ま》じってきらきらと輝《かがや》く」と示《しめ》している。

荘厳地功徳《しょうごんじくどく》の成就《じょうじゅ》とは、偈《げ》に「宮殿《きゅうでん》やさまざまな楼閣《ろうかく》が立《た》ち並《なら》んでいながら、どの方角《ほうがく》を見《み》てもさまたげられることがない。さまざまな樹々《きぎ》はそれぞれに光《ひかり》輝《かがや》き、宝石《ほうせき》でできた玉垣《たまがき》がいたるところにめぐりわたっている」と示《しめ》している。

荘厳虚空功徳《しょうごんこくうくどく》の成就《じょうじゅ》とは、偈《げ》に「数限《かずかぎ》りない宝石《ほうせき》の交《まじ》わった網《あみ》飾《かざ》りが、大空《おおぞら》を覆《おお》っている。さまざまな鈴《すず》が鳴《な》り響《ひび》いて、すばらしい教《おし》えを説《と》き述《の》べている」と示《しめ》している。

荘厳雨功徳《しょうごんうくどく》の成就《じょうじゅ》とは、偈《げ》に「うるわしい花《はな》と衣《ころも》が降《ふ》りそそぎ、多《おお》くの香《かお》りがすみずみにまで満《み》ちている」と示《しめ》している。

荘厳光明功徳《しょうごんこうみょうくどく》の成就《じょうじゅ》とは、偈《げ》に「仏《ほとけ》の智慧《ちえ》は太陽《たいよう》のように明《あか》るく清《きよ》らかで、世間《せけん》の煩悩《ぼんのう》の闇《やみ》を除《のぞ》き去《さ》る」と示《しめ》している。

荘厳妙声功徳《しょうごんみょうしょうくどく》の成就《じょうじゅ》とは、偈《げ》に「清《きよ》らかな言葉《ことば》は、奥深《おくぶか》くすぐれていて、すべての世界《せかい》に響《ひび》きわたる」と示《しめ》している。

荘厳主功徳《しょうごんしゅくどく》の成就《じょうじゅ》とは、偈《げ》に「この上《うえ》ないさとりを開《ひら》かれた阿《あ》弥陀仏《みだぶつ》が、仏法《ぶっぽう》の王《おう》としてこの世界《せかい》におられる」と示《しめ》している。

荘厳眷属功徳《しょうごんけんぞくくどく》の成就《じょうじゅ》とは、偈《げ》に「浄土《じょうど》の聖者《しょうじゃ》がたは、みな仏《ほとけ》のさとりの花《はな》からおのずと生《う》まれる」と示《しめ》している。

荘厳受用功徳《しょうごんじゅゆうくどく》の成就《じょうじゅ》とは、偈《げ》に「仏《ほとけ》の教《おし》えの味《あじ》わいや禅定《ぜんじょう》を好《この》んで食事《しょくじ》とする」と示《しめ》している。

荘厳無諸難功徳《しょうごんむしょなんくどく》の成就《じょうじゅ》とは、偈《げ》に「永久《えいきゅう》に身心《しんしん》の苦悩《くのう》を離《はな》れ、楽《たの》しみが絶《た》えることはない」と示《しめ》している。

荘厳大義門功徳《しょうごんだいぎもんくどく》の成就《じょうじゅ》とは、偈《げ》に「大乗《だいじょう》の善根《ぜんごん》より生《しょう》じた世界《せかい》は、※すべてが等《ひと》しく、そこには不快《ふかい》なそしりの名《な》はない。女性《じょせい》であるとか、身心《しんしん》が不自由《ふじゆう》であるとか、また自《みずか》らのさとりだけを求《もと》めるものといったそしりを受《う》けるものはいない」と示《しめ》している。浄土《じょうど》で得《え》る果報《かほう》は、二種《にしゅ》の不快なそしりの罪《つみ》を離《はな》れていると知《し》るがよい。その二種《にしゅ》というのは、一《ひと》つには実体《じったい》、二《ふた》つには名称《めいしょう》である。その実体《じったい》に三種《さんしゅ》がある。一《ひと》つには自《みずか》らのさとりだけを求《もと》めるもの、二《ふた》つには女性《じょせい》、三《みっ》つには身心《しんしん》の不自由《ふじゆう》なものである。この三種《さんしゅ》のものはいないから、実体《じったい》についてのそしりを離《はな》れているというのである。その名称《めいしょう》にもまた三種《さんしゅ》がある。ただ三種《さんしゅ》の実体《じったい》がないというだけでなく、自《みずか》らのさとりだけを求《もと》めるもの、女性《じょせい》、身心《しんしん》の不自由《ふじゆう》なものを表《あらわ》す名称《めいしょう》を聞《き》くこともないから、名称《めいしょう》についてのそしりを離《はな》れているというのである。偈《げ》の「すべてが等《ひと》しく」とは、平等《びょうどう》であり、同一《どういつ》のすがたであることをいうからである。

荘厳一切所求満足功徳《しょうごんいっさいしょぐまんぞくくどく》の成就《じょうじゅ》とは、偈《げ》に「人々《ひとびと》が願《ねが》い求《もと》めるところは、すべて満《み》たされる」と示《しめ》している。

【二】阿弥陀仏《あみだぶつ》の国土《こくど》の荘厳功徳《しょうごんくどく》の成就《じょうじゅ》を十七種《じゅうしちしゅ》として示《しめ》したの

は、仏《ぶつ》の自《みずか》らを利益《りやく》する大《おお》いなる功徳《くどく》の力《ちから》が成就《じょうじゅ》していることと、他者《たしゃ》を利益《りやく》する功徳《くどく》が成就《じょうじゅ》していることをあらわそうとしたからである。

【二】その阿弥陀仏《あみだぶつ》の国土《こくど》の荘厳功徳《しょうごんくどく》は、仏《ほとけ》のさとりがあらわれたすばらしい世界《せかい》のすがたである。これを前《まえ》の十六種《じゅうろくしゅ》の荘厳功徳《しょうごんくどく》の成就《じょうじゅ》と、後《あと》の一種《いっしゅ》の荘厳功徳《しょうごんくどく》の成就《じょうじゅ》とで、順《じゅん》に示《しめ》したと知《し》るがよい。

【三】どのように仏《ほとけ》の荘厳功徳《しょうごんくどく》の成就《じょうじゅ》を観察《かんざつ》するのかというと、仏《ほとけ》の荘厳功徳《しょうごんくどく》の成就《じょうじゅ》を観察《かんざつ》するのに、八種《はっしゅ》のすがたがあると知《し》るがよい。八種《はっしゅ》とは何《なに》かというと、一《ひと》つには荘厳座功徳《しょうごんざくどく》の成就《じょうじゅ》、二《ふた》つには荘厳身業功徳《しょうごんしんごうくどく》の成就《じょうじゅ》、三《みっ》つには荘厳口業功徳《しょうごんくごうくどく》の成就《じょうじゅ》、四《よっ》つには荘厳心業功徳《しょうごんしんごうくどく》の成就《じょうじゅ》、五《いつ》つには荘厳大衆功徳《しょうごんだいしゅくどく》の成就《じょうじゅ》、六《むっ》つには荘厳上首功徳《しょうごんじょうしゅくどく》の成就《じょうじゅ》、七《なな》つには荘厳主功徳《しょうごんしゅくどく》の成就《じょうじゅ》、八《やっ》つには荘厳《しょうごん》不虚《ふこ》作住持《さじゅうじ》功徳《くどく》の成就《じょうじゅ》である。

荘厳座《しょうごんざ》功徳《くどく》の成就《じょうじゅ》とは、偈《げ》に「数限《かずかぎ》りないもっともすぐれた宝《ほう》石《せき》でできた、清《きよ》らかですばらしい蓮《はす》の花《はな》の台座《だいざ》がある」と示《しめ》している。

荘厳身業《しょうごんしんごう》功徳《くどく》の成就《じょうじゅ》とは、偈《げ》に「仏《ほとけ》の身《み》にそなわる光明《こうみょう》は一尋《いちじん》で、姿《すがた》かたちは人々《ひとびと》に超《こ》えすぐれている」と示《しめ》している。

荘厳口業《しょうごんくごう》功徳《くどく》の成就《じょうじゅ》とは、偈《げ》に「仏《ほとけ》のすばらしい声《こえ》は、清《きよ》らかに響《ひび》いてすべての世界《せかい》に聞《きこ》えわたる」と示《しめ》している。

荘厳心業《しょうごんしんごう》功徳《くどく》の成就《じょうじゅ》とは、偈《げ》に「仏《ほとけ》の心《こころ》は、地《じ》・水《すい》・火《か》・風《ふう》・空《くう》と同《おな》じように、何《なに》ものにもわけへだてがない」と示《しめ》している。偈《げ》に「何《なに》ものにもわけへだてがない」と示《しめ》したのは、わけへだてをする心《こころ》がないことをいう。

荘厳大衆《しょうごんだいしゅ》功徳《くどく》の成就《じょうじゅ》とは、偈《げ》に「ゆるぎない心《こころ》をそなえた浄土《じょうど》の神々《かみがみ》や人々《ひとびと》は、清《きよ》らかなさとりの智慧《ちえ》の海《うみ》から生《うま》れる」と示《しめ》している。

荘厳上首功徳《しょうごんじょうしゅくどく》の成就《じょうじゅ》とは、偈《げ》に「その仏《ほとけ》は須弥山《しゅみせん》のようであり、そのすばらしさにまさるものはない」と示《しめ》している。

荘厳主功徳《しょうごんしゅくどく》の成就《じょうじゅ》とは、偈《げ》に「浄土《じょうど》の神々《かみがみ》・人々《ひとびと》・菩薩《ぼさつ》がたは、仏《ほとけ》をあつく敬《うやま》ってそのまわりをめぐり、仰《あお》ぎ見《み》るのである」と示《しめ》している。

荘厳不虚作住持功徳《しょうごんふこさじゅうじくどく》の成就《じょうじゅ》とは、偈《げ》に「阿弥陀仏《あみだぶつ》を観察《かんざつ》すると、その本願《ほんがん》のはたらきに出遇《であ》って、いたずらに迷《まよ》いの生死《しょうじ》を繰《く》り返《かえ》すものはなく、速《すみ》やかに大《おお》いなる宝《たから》の海《うみ》のような功徳《くどく》を満足《まんぞく》させてくださる」と示《しめ》している。つまり、この仏《ほとけ》を見《み》たてまつると、まだ清《きよ》らかな心《こころ》を得《え》ていない菩薩《ぼさつ》も、ついには必《かなら》ず*平等法身《びょうどうほっしん》となり、他《ほか》の清《きよ》らかな心《こころ》を得《え》ている菩薩《ぼさつ》やそれより上位《じょうい》の菩薩《ぼさつ》がたと同《おな》じく、

平等法身　平等の真理をさとった身。

ついには必《かなら》ず煩悩《ぼんのう》を滅《めつ》した平等《びょうどう》のさとりを得《え》るということである。

【一四】　仏《ほとけ》の荘厳《しょうごん》功徳《くどく》の成就《じょうじゅ》を八種《はっしゅ》として示《しめ》し、仏《ほとけ》の自《みずか》らを利益《りやく》する功徳《くどく》と他者《たしゃ》を利益《りやく》する功徳《くどく》が、順《じゅん》に成就《じょうじゅ》していることをあらわそうとしたと知《し》るがよい。

【一五】　どのように菩薩《ぼさつ》の荘厳《しょうごん》功徳《くどく》の成就《じょうじゅ》を観察《かんざつ》するのかというと、その国《くに》の菩薩《ぼさつ》の荘厳《しょうごん》功徳《くどく》の成就《じょうじゅ》を観察《かんざつ》するのに、四種《ししゅ》の正《ただ》しい修《しゅ》行《ぎょう》の功徳《くどく》の成就《じょうじゅ》があると知《し》るがよい。

四種《ししゅ》とは何《なに》かというと、一《ひと》つには、菩薩《ぼさつ》は一《ひと》つの世界《せかい》にいながら、その身《み》を動《うご》かさずに、あらゆる世界《せかい》でさまざまなすがたを現《あらわ》し、如《にょ》実《じつ》に修行《しゅぎょう》して、常《つね》に人々《ひとびと》を救《すく》うはたらきをするということである。偈《げ》に「安楽国《あんらくこく》は清《きよ》らかであり、あらゆる世界《せかい》を照《て》らす化身《けしん》の仏《ぶつ》・菩《ぼ》薩《さつ》は、煩悩《ぼんのう》の汚《けが》れのない教《おし》えを常《つね》に説《と》いていながらも、須弥山《しゅみせん》のように不動《ふどう》である」と示《しめ》している。あらゆる人々《ひとびと》の煩悩《ぼんのう》の泥《どろ》の中《なか》にさとりの蓮《はす》の花《はな》を開《ひら》かせるためである。

二《ふた》つには、菩薩《ぼさつ》が現《あらわ》すさまざまなすがたは、いかなる時《とき》にも前後《ぜんご》することなく、思《おも》いを同《おな》じくして時《とき》を経《へ》ず大《おお》いなる光明《こうみよう》を放《はな》ってあらゆる世界《せかい》に至《いた》るということである。人々《ひとびと》を教《おし》え導《みちび》き、さまざまな手《て》だてを施《ほどこ》し修行《しゆぎよう》して、すべての人々《ひとびと》の苦《くる》しみを除《のぞ》くためである。偈《げ》に「その身《み》にそなわる汚《けが》れのない光《ひかり》が、時《とき》を経《へ》ず一斉《いつせい》に、広《ひろ》くさまざまな仏《ほとけ》がたの説法《せつぽう》の座《ざ》を照《て》らし、あらゆる人々《ひとびと》に利益《りやく》をもたらす」と示《しめ》している。

三《みつ》つには、菩薩《ぼさつ》はあらゆる世界《せかい》で、仏《ほとけ》がたの説法《せつぽう》の座《ざ》に集《つど》う聖者《しようじや》がたを余《あま》すところなく照《て》らし、限《かぎ》りなく仏《ほとけ》がたを供養《くよう》して余《あま》すところなく敬《うやま》いほめたたえるということである。偈《げ》に「うるわしい音楽《おんがく》、花《はな》や衣《ころも》、すばらしい香《かお》りなどを降《ふ》りそそいで供養《くよう》し、わけへだてする心《こころ》なくあらゆる仏《ほとけ》がたの功徳《くどく》をほめたたえる」と示《しめ》している。

四《よっ》つには、菩薩《ぼさつ》はすべての世界《せかい》の、仏《ぶつ》・法《ぽう》・僧《そう》の三宝《さんぼう》のないところで、大《おお》いなる海《うみ》のような三宝《さんぼう》の功徳《くどく》を身《み》にたもちそなえ、広《ひろ》くすべての人々《ひとびと》に示《しめ》して、如実《にょじつ》の修行《しゅぎょう》を理解《りかい》させるということである。偈《げ》に「功徳《くどく》の宝《たから》である仏《ほとけ》の教《おし》えがなければ、どのような世界《せかい》であっても、わたしはそこに生《うま》れ、仏《ほとけ》のように教《おし》えを説《と》き示《しめ》したいと願《ねが》う」と示《しめ》している。

【一六】 これまでに、阿弥陀仏《あみだぶつ》の国土《こくど》の荘厳功徳《しょうごんくどく》の成就《じょうじゅ》と、阿弥陀《あみだ》仏《ぶつ》の荘厳功徳《しょうごんくどく》の成就《じょうじゅ》と、その国《くに》の菩薩《ぼさつ》の荘厳功徳《しょうごんくどく》の成就《じょうじゅ》とを観察《かんざつ》することを示《しめ》した。この三種《さんしゅ》の荘厳功徳《しょうごんくどく》の成就《じょうじゅ》は、※法蔵菩薩《ほうぞうぼさつ》の願《ねが》いによってうるわしくととのえられたものである。

【一七】 これらの荘厳功徳《しょうごんくどく》の成就《じょうじゅ》をまとめれば、ただ一《ひと》つの教《おし》えの言葉《ことば》に収《おさ》まるのである。ただ一《ひと》つの教《おし》えの言葉《ことば》とは、清浄《しょうじょう》という言葉《ことば》である。清浄《しょうじょう》という言葉《ことば》は、真実《しんじつ》とそれをさとる智慧《ちえ》、および*無為《むい》とそれをさとる*法身《ほっしん》が清浄《しょうじょう》であるということである。この清浄《しょうじょう》に二種《にしゅ》があると知《し》るがよい。二種《にしゅ》とは何《なに》かというと、一《ひと》つには*器世間《きせけん》の清浄《しょうじょう》、二《ふた》つには*衆生世間《しゅじょうせけん》の清浄《しょうじょう》である。

器世間《きせけん》の清浄《しょうじょう》とは、これまでに示《しめ》した阿弥陀仏《あみだぶつ》の国土《こくど》の十七種《じゅうしちしゅ》の荘厳功徳《しょうごんくどく》の成就《じょうじゅ》である。これを器世間《きせけん》の清浄《しょうじょう》という。

衆生世間《しゅじょうせけん》の清浄《しょうじょう》とは、これまでに示《しめ》した阿弥陀仏《あみだぶつ》の八種《はっしゅ》の荘厳《しょうごん》功徳《くどく》の成就《じょうじゅ》と、菩薩《ぼさつ》の四種《ししゅ》の荘厳功徳《しょうごんくどく》の成就《じょうじゅ》である。これを衆生《しゅじょう》世間《せけん》の清浄《しょうじょう》という。

このように、ただ一《ひと》つの教《おし》えの言葉《ことば》に二種《にしゅ》の清浄《しょうじょう》の意味《いみ》が収《おさ》まっていると知《し》るがよい。

【一八】このように菩薩《ぼさつ》は、奢摩他《しゃまた》と毘婆舎那《びばしゃな》の行《ぎょう》を、時《とき》には十七《じゅうしち》種《しゅ》・八種《はっしゅ》・四種《ししゅ》の荘厳功徳《しょうごんくどく》に広《ひろ》げて修《おさ》め、また時《とき》には清浄《しょうじょう》の一《ひと》つに略《りゃく》して修《おさ》めることで、*柔軟心《にゅうなんしん》を成就《じょうじゅ》し、如実《にょじつ》にその功徳《くどく》のすべ

無為 生滅変化を超えた常《じょう》住不変《じゅうふへん》の真実のこと。

法身 色もなく形もない真《しん》如《にょ》そのものである仏身。

器世間 衆生《しゅじょう》を住まわせている山河大地等を指す。ここでは阿弥陀仏の国土のこと。

衆生世間 器世間に住んでいる者を指す。ここでは阿弥陀仏や菩薩がたのこと。

柔軟心 奢摩他・毘婆舎那の実践により、煩悩《ぼんのう》が取り除かれ、軽やかで活動的になった状態の心。

てを知《し》る。そして、次《つぎ》のように*巧方便回向《ぎょうほうべんえこう》を成就《じょうじゅ》するのである。菩薩《ぼさつ》の巧方便回向《ぎょうほうべんえこう》とは何《なに》かというと、これまでに示《しめ》した礼拝《らいはい》などの五念門《ごねんもん》の行《ぎょう》を修《おさ》めて得《え》られるすべての功徳《くどく》により、自身《じしん》が安住《あんじゅう》できる楽《たの》しみを求《もと》めるのではなく、他《た》のすべての人々《ひとびと》の苦《くる》しみを除《のぞ》こうという思《おも》いから、すべての人々《ひとびと》を摂《おさ》め取《と》って、みなともに浄土《じょうど》に生《うま》れたいという願《ねが》いをおこすことである。これを菩薩《ぼさつ》の巧方便《ぎょうほうべん》回向《えこう》の成就《じょうじゅ》という。

【一九】 このように菩薩《ぼさつ》が巧方便回向《ぎょうほうべんえこう》をよく心得《こころえ》て成就《じょうじゅ》したなら、さとりに至《いた》る道《みち》を閉《と》ざす三種《さんしゅ》の心《こころ》から遠《とお》く離《はな》れるのである。三種《さんしゅ》とは何《なに》かというと、一《ひと》つには智慧《ちえ》によって、自《みずか》らの楽《たの》しみを求《もと》めないことであり、自分自身《じぶんじしん》に執着《しゅうじゃく》する心《こころ》から遠《とお》く離《はな》れるということである。二《ふた》つには慈悲《じひ》によって、すべての人々《ひとびと》の苦《くる》しみを取《と》り除《のぞ》くことであり、人々《ひとびと》を安《やす》らかにすることのない心《こころ》から遠《とお》く離《はな》れるという

巧方便回向 巧みな手立てで衆生《しゅじょう》に功徳を振り向けること。

ことである。三《みっ》つには方便《ほうべん》によって、すべての人々《ひとびと》を慈《いつく》しみ哀《あわ》れむことであり、自分自身《じぶんじしん》を供養《くよう》し敬愛《けいあい》する心《こころ》から遠《とお》く離《はな》れるということである。これを、さとりに至《いた》る道《みち》を閉《と》ざす三種《さんしゅ》の心《こころ》から遠《とお》く離《はな》れるという。

【二〇】　菩薩《ぼさつ》は、このようなさとりに至《いた》る道《みち》を閉《と》ざす三種《さんしゅ》の心《こころ》から遠《とお》く離《はな》れ、さとりに至《いた》る道《みち》を開《ひら》く三種《さんしゅ》の心《こころ》をまどかにそなえるのである。三種《さんしゅ》とは何《なに》かというと、一《ひと》つには*無染清浄心《むぜんしょうじょうしん》である。自分自身《じぶんじしん》のためにさまざまな楽《たの》しみを求《もと》めないということである。二《ふた》つには*安清浄心《あんしょうじょうしん》である。すべての人々《ひとびと》の苦《くる》しみを取《と》り除《のぞ》くということである。三《みっ》つには*楽清浄心《らくしょうじょうしん》である。すべての人々《ひとびと》に大《おお》いなるさとりを得《え》させるために、人々《ひとびと》を摂《おさ》め取《と》って阿弥陀仏《あみだぶつ》の浄土《じょうど》に生《う》まれさせるということである。これを、さとりに至《いた》る道《みち》を開《ひら》く三種《さんしゅ》の心《こころ》をまどかにそなえるということと知《し》るがよい。

無染清浄心　煩悩《ぼんのう》の汚れのない清らかな心のこと。

安清浄心　衆生を安らかにする清らかな心のこと。

楽清浄心　衆生に楽しみを与える清らかな心のこと。

【二】　これまでに示《しめ》した智慧《ちえ》・慈悲《じひ》・方便《ほうべん》の三種《さんしゅ》の心《こころ》は、すべてをわけへだてることのない*般若《はんにゃ》に摂《おさ》まり、その般若《はんにゃ》は巧《たく》みな手《て》だてである方便《ほうべん》に摂《おさ》まると知《し》るがよい。これまでに、自分自身《じぶんじしん》に執着《しゅうじゃく》する心《こころ》から遠《とお》く離《はな》れる、人々《ひとびと》を安《やす》らかにすることのない心《こころ》から遠《とお》く離《はな》れる、自分自身《じぶんじしん》を供養《くよう》し敬愛《けいあい》する心《こころ》から遠《とお》く離《はな》れるということを示《しめ》した。この三種《さんしゅ》は、さとりを妨《さまた》げる心《こころ》から遠《とお》く離《はな》れることであると知《し》るがよい。これまでに、無染清浄心《むぜんしょうじょうしん》、安清浄心《あんしょうじょうしん》、楽清浄心《らくしょうじょうしん》を示《しめ》した。この三種《さんしゅ》の心《こころ》は、一《ひと》つにまとまり妙楽勝真心《みょうらくしょうしんしん》を成就《じょうじゅ》すると知《し》るがよい。

【三】　このように菩薩《ぼさつ》は、*智慧心《ちえしん》であり、方便心《ほうべんしん》であり、無障心《むしょうしん》であり、妙楽勝真心《みょうらくしょうしんしん》である心《こころ》をもって、清《きよ》らかな阿弥陀仏《あみだぶつ》の国土《こくど》に生《うま》れることができると知《し》るがよい。これを、菩薩《ぼさつ》が五念門《ごねんもん》の行《ぎょう》にしたがい、自由自在《じゆうじざい》のはたらきを成就《じょうじゅ》するという。これまでに示《しめ》

般若　一如《いちにょ》をさとる無分別《むふんべつ》智《ち》のこと。

智慧心…妙楽勝真心　智慧心は、真実の法をさとる心。方便心は、巧みな手立てを用いてさとりに導く心。無障心は、さとりへの妨げを離れさせる心。妙楽勝真心は、浄土のすぐれた真実の功徳にかなった心。これら四種の心は、いずれも智慧・慈悲・方便を内容とする同一の心を示したもの。

したように、礼拝《らいはい》・讃嘆《さんだん》・作願《さがん》・観察《かんざつ》・回向《えこう》の行《ぎょう》は、真実《しんじつ》の教《おし》えにしたがっているからである。

【三】 また五種《ごしゅ》の門《もん》があり、次第《しだい》に五種《ごしゅ》の功徳《くどく》を成就《じょうじゅ》すると知《し》るがよい。五種《ごしゅ》の門《もん》とは何《なに》かというと、一《ひと》つには近門《ごんもん》、二《ふた》つには大会衆門《だいえしゅもん》、三《みっ》つには宅門《たくもん》、四《よっ》つには屋門《おくもん》、五《いつ》つには園林遊戯地門《おんりんゆげじもん》である。この五種《ごしゅ》の門《もん》のなか、はじめの四種《ししゅ》の門《もん》は浄土《じょうど》に入《はい》ることで*自利《じり》の功徳《くどく》を成就《じょうじゅ》し、第五《だいご》の門《もん》は浄土《じょうど》から出《で》ることで*利他《りた》の功徳《くどく》を成就《じょうじゅ》する。

第一《だいいち》の門《もん》に入《はい》るとは、阿弥陀仏《あみだぶつ》を礼拝《らいはい》することにより、その国《くに》に生《うま》れようとするから、安楽国《あんらくこく》に生《うま》れることができるのである。これを第一《だいいち》の近門《ごんもん》に入《はい》るという。

第二《だいに》の門《もん》に入《はい》るとは、その名《な》のいわれの通《とお》りに阿弥陀仏《あみだぶつ》を讃嘆《さんだん》し、その光明《こうみょう》という智慧《ちえ》の相《そう》の通《とお》りに名《な》を称《たた》えることにより、相応《そうおう》を

自利 自らの修行によって自身が利益《りやく》を得ること。
利他 他の衆生《しゅじょう》に功徳利益を施すこと。

修《おさ》めようとするから、阿弥陀仏《あみだぶつ》の説法《せっぽう》の座《ざ》の聴衆《ちょうしゅう》に連《つら》なることができるのである。これを第二《だいに》の大会衆門《だいえしゅもん》に入《はい》るという。

第三《だいさん》の門《もん》に入《はい》るとは、一心《いっしん》にもっぱらその国《くに》に生《う》まれたいと願《ねが》うことにより、奢摩他《しゃまた》という*寂静三昧《じゃくじょうざんまい》の行《ぎょう》を修《おさ》めようとするから、*蓮《れん》華蔵世界《げぞうせかい》に入《はい》ることができるのである。これを第三《だいさん》の宅門《たくもん》に入《はい》るという。

第四《だいし》の門《もん》に入《はい》るとは、もっぱら安楽国《あんらくこく》のすぐれたすがたを念《ねん》じ観《かん》察《ざつ》することにより、毘婆舎那《びばしゃな》を修《おさ》めようとするから、阿弥陀仏《あみだぶつ》の所《みもと》に到《いた》り、さまざまな教《おし》えを味《あじ》わう楽《たの》しみを受《う》けることができるのである。これを第四《だいし》の屋門《おくもん》に入《はい》るという。

第五《だいご》の門《もん》を出《で》るとは、大《おお》いなる慈悲《じひ》の心《こころ》から、苦《くる》しみ悩《なや》むすべての人々《ひとびと》を観察《かんざつ》して救《すく》うためのさまざまなすがたを現《あらわ》し、煩悩《ぼんのう》に満《み》ちた迷《まよ》いの世界《せかい》の中《なか》に入《はい》り、神通力《じんずうりき》を用《もち》いて思《おも》いのままに人々《ひとびと》を教《おし》え

寂静三昧 禅定《ぜんじょう》のこと。奢摩他に同じ。

蓮華蔵世界 『華厳経《けごんぎょう》』では毘盧舎那《びるしゃな》仏、『梵網経《ぼんもうきょう》』では、毘盧舎那仏とその化身である釈迦仏のいる浄土と説く。ここでは、阿弥陀仏の住処を指す。

導《みちび》く場《ば》に至《いた》るのである。これは、菩薩《ぼさつ》の本願《ほんがん》のはたらきの回向《えこう》によるからである。これを第五《だいご》の園林遊戯地門《おんりんゆげじもん》を出《で》るという。菩薩《ぼさつ》は四種《ししゅ》の門《もん》に入《はい》ることにより自利《じり》の行《ぎょう》を成就《じょうじゅ》すると知《し》るがよい。また、菩薩《ぼさつ》は第五《だいご》の門《もん》を出《で》ることにより利他《りた》の行《ぎょう》である回向《えこう》を成就《じょうじゅ》すると知《し》るがよい。

【三四】 菩薩《ぼさつ》は、このように五種《ごしゅ》の門《もん》を修《おさ》めて自利《じり》と利他《りた》を行《ぎょう》じるのである。速《すみ》やかにこの上《うえ》ないさとりを成就《じょうじゅ》することができるからである。

【三五】 無量寿経優婆提舎願生偈《むりょうじゅきょううばだいしゃがんしょうげ》の内容《ないよう》について、その大意《たいい》を解説《かいせつ》し終《お》えた。

無量寿経優婆提舎願生偈《むりょうじゅきょううばだいしゃがんしょうげ》

訳　註

凡　例

一、訳註は、従来の解釈の分れる箇所や、留意すべき重要な箇所について、本文の頁数を付して掲載した。

二、見出しについては、註を付す箇所の全体をあげ、またはその始めと終りを「…」でつないで示した。

三、とくに内容的に関連すると思われる訳註については、その参照すべき見出しへの指示を、註記の末尾に「→〇〇」として示した。

例 → 三〇 **阿弥陀仏**

四、訳註において用いた「原文」の語は、原則として『浄土真宗聖典（註釈版　七祖篇）』の本文を指す。

三　**龍樹**　（一五〇―二五〇頃）龍樹《りゅうじゅ》は梵語《ぼんご》ナーガールジュナの漢訳《かんやく》。南インドの生れ。とくに中観《ちゅうがん》思想を確立して大乗《だいじょう》仏教の教理《きょうり》を理論的に組織するなど、偉大な足跡を残し、「八宗の祖」と仰がれている。また『十住毘婆沙《じゅうじゅうびばしゃ》論《ろん》』の「易行品《いぎょうぼん》」を著したことで、浄土教《じょうどきょう》の祖師とされる。その他の著作として『中論《ちゅうろん》』『十二門論《じゅうにもんろん》』『大智度論《だいちどろん》』（現在は龍樹撰述に疑問が出されている）などが伝えられている。真宗七高僧の第一祖。

三　**後秦の亀茲国三蔵鳩摩羅什訳す**　『十住毘婆沙論《じゅうじゅうびばしゃろん》』は、龍樹《りゅうじゅ》が著したものを後秦《こうしん》（中国、五胡十六国《ごこじゅうろっこく》の一。三八四―四一七）の時代に鳩摩羅什《くまらじゅう》が訳出したものとされる。鳩摩羅什は西域亀茲《きじ》国（現在の新疆《しんきょう》ウイグル自治区のクチャ付近）の王族の生れで、生没年は三四四―四一三年、または三五〇―四〇九年と伝える。略して羅什という。仏教に精通し、とくに語学にすぐれ、弘始《こうし》三年（四〇一）後秦の王姚興《ようこう》に国師の礼をもって迎えられて長安《ちょうあん》（現在の西安《せいあん》）に入り、没するまでに三百余巻の経論を訳出した。なお、三蔵とは経・律・論の三蔵に精通した僧侶の尊称である。

七　**西方の無量明仏**　原文は「西無量明仏《さいむりょうみょうぶつ》」（六頁）であるが、これを「阿弥陀仏《あみだぶつ》」と解釈する見方もある。

九　**初忍第二忍第三忍**　原文の「初忍《しょにん》・第《だい》二・第《だい》三忍《にん》」（七頁）について、『無量寿経《むりょうじゅきょう》』（『註釈版聖典』三四頁）の①音響忍《おんこうにん》（諸仏・菩薩の説法を聞き、驚き恐れることなく信認し受け入れることで、初地・二地・三地の菩薩の位）、②柔順忍《にゅうじゅんにん》（すなおに真理に随順し、背かないことで、四地・五地・六地の菩薩の位）、③無生法忍《むしょうぼうにん》（真理にかない形相を超えて不生不滅の真実をありのままにさとることで、七地・八地・九地の菩薩の位）とする解釈と、『仁王《にんのう》経《きょう》』巻上（『大正蔵』八・八三六頁中）の①伏忍《ぶくにん》（煩悩《ぼんのう》を伏して起こらないようにする段階で、十住・十行・十回向の菩薩の位）、②信忍《しんにん》（ものごとのありのままのすがたを見て正信を得る段階で、初地・二地・三地の菩薩の位）、③順忍《じゅんにん》（さとりの道程にしたがって無生法忍へと向かっていく段階で、四地・五地・六地の菩薩の位）とする解釈

注 がある。

訳 一〇 **あるいは人々を悩ませる** 原文は「衆生《しゆじよう》を惑悩《わくのう》する（惑悩衆生）」（八頁）であるが、異本では「あるいは衆生を悩ます（或悩衆生）」となっている。本現代語訳においては異本によって、「あるいは人々《ひとびと》を悩《なや》ませる」と訳しておいた。

一六 **照らされた…消し去られる** 原文は「遇《あ》ふもの煩悩《ぼんのう》を滅《めつ》す（遇者滅煩悩）」（一一頁）であるが、異本では「遇ふもの憂悩を滅す（遇者滅憂悩）」となっている。本現代語訳においては異本によって、「照《て》らされたものは、憂《うれ》いや悩《なや》みが消《け》し去《さ》られる」と訳しておいた。

二〇 **阿弥陀仏** 阿弥陀仏とは、西方浄土（極楽世界）にあって大悲の本願をもって生きとし生けるものすべてを平等に救済しつつある仏である。『無量寿経《むりようじゆきよう》』には、過去無数《むしゆ》劫《こう》（無限の過去）に一人の国王があり、出家して法蔵《ほうぞう》（ダルマーカラ）と名乗り、世自在王仏《せじざいおうぶつ》の弟子となって、諸仏

の浄土を見て五劫の間思惟し、一切衆生《しゆじよう》を平等に救おうとして四十八願をおこし、兆載永劫《ちようさいようごう》（無限の時間）の修行を経て阿弥陀仏と成られたと説かれている。因位《いんに》の法蔵菩薩《ぼさつ》が願と行に報われて仏と成られたのであり、このような仏を報身仏《ほうじんぶつ》と呼ぶ。そして四十八願には、光明《こうみよう》無量（第十二願）、寿命無量（第十三願）の仏と成ろうと願われており、その願いに報いて成就されたので、無量光（アミターバ）、無量寿（アミターユス）の徳をもち、このような徳をあらわすために阿弥陀と名づけられたといわれている。無量寿とは仏のはたらきの時間的無限性をあらわし、無量光とは空間的無辺性をあらわしており、時間的空間的な限定を超えて、あらゆる衆生をもらさず救う仏の名である。

二〇 **阿弥陀仏などの仏がたを…念じるがよい** 原文は「また阿弥陀等《あみだとう》の諸仏《しよぶつ》ましまして、また恭敬礼拝《くぎようらいはい》し、その名号《みようごう》を称《しよう》すべし。いままさにつぶさに説《と》くべし。無量寿仏《むりようじゆぶつ》……宝相仏《ほうそうぶつ》なり。このもろもろの仏世尊《ぶつせそん》現《げん》に十方《じつぽう》の清浄世界《しようじようせかい》にましします。みな名《みな》を称《しよう》し憶念《おくねん》す

べし。（一四―一五頁）であるが、親鸞聖人《しんらんしょうにん》は『教行信証《きょうぎょうしんしょう》』「行文類《ぎょうもんるい》」において、阿弥陀《あみだ》等の諸仏《しょぶつ》、また恭敬《くぎょう》礼拝《らいはい》し、その名号《みょうごう》を称《しょう》すべし。いままさにつぶさに無量寿仏《むりょうじゅぶつ》を説《と》くべし。世《せ》自在王仏《じざいおうぶつ》「乃至《ないし》その余《よ》の仏《ぶつ》まします」この諸仏世尊《しょぶつせそん》、現在十方《げんざいじっぽう》の清浄世界《しょうじょうせかい》に、みな名《みな》を称《しょう》し阿弥陀仏《あみだぶつ》の本《ほん》願《がん》を憶念《おくねん》することかくのごとし。（『註釈版聖典』一五二―一五三頁）

と引用し、諸仏が阿弥陀仏の名をほめたたえ、本願を心に念じる意で解釈されている。

二四　善い行い…はかり知れず　原文は「善《ぜん》より浄明《じょうみょう》を生《しょう》ずること、無量無辺数《むりょうむへんしゅ》にして」（一七頁）であるが、「無量無辺数」について、「さとりの智慧を生じることがはかり知れない」とする解釈と「智慧を生じる浄土の人々の数がはかり知れない」とする解釈がある。本現代語訳においては、「智慧《ちえ》を生《しょう》じることははかり知《し》れず」と訳しておいた。

二九　釈迦牟尼仏　梵語シャーキャムニの音写。釈迦《しゃか》は種族の名、牟尼《むに》は聖者《しょうじゃ》の意で、釈迦族の聖者ということ。仏教の開祖。約二千五百年前、インドのカピラヴァストゥの王、浄飯王《じょうぼんのう》を父とし、摩耶夫人《まやぶにん》を母として誕生された。二十九歳の時に道を求めて出家し、複数の師を歴訪されたが満足せず、尼連禅河畔《にれんぜんがはん》で六年間にわたり苦行された。その後、菩提樹《ぼだいじゅ》の下に座って瞑想し、ついにさとりを開かれた。三十五歳の時である。その地をブッダガヤーと呼ぶ。成道《じょうどう》後、梵天《ぼんてん》の勧請《かんじょう》により鹿野苑《ろくやおん》（現在のヴァーラーナシー〈ベナレス〉郊外）において五比丘《びく》に初めて説法（初《しょ》転法輪《てんぼうりん》）をし、以後四十五年間各地を巡って人々を教化し、八十歳でクシナガラの沙羅樹《さらじゅ》のもとに身を横たえて入滅された。

四一　婆藪槃頭　（四〇〇―四八〇頃）梵語ヴァスバンドゥの音写。旧訳《くやく》では天親《てんじん》、新訳《しんやく》では世親《せしん》と漢訳する。ガンダーラ地方のプルシャプラ（現在のペシャワール）のバラモンの家に次男として生まれ、出家後は部派仏教の説一切有《せついっさいう》部《ぶ》・経量部《きょうりょうぶ》に学び、『阿毘達磨倶舎論《あびだつまくしゃろん》』を著した。このように天親菩薩は部派の学僧として研鑽を積むが、大乗仏教の宣揚に尽力していた兄の無著《むじゃく》（アサンガ）の導きによって大乗仏教に帰依した。その後、大乗の論書を多数著し、瑜《ゆ》伽行《がぎょう》唯識《ゆいしき》教学を大成するなど、大乗仏教の宣揚に重要な役割を果たした。天親菩薩は「千部の論主」と呼ばれ、多くの著作がある。天親菩薩の単独の著作である『阿毘達磨倶舎論』『釈軌《しゃくき》論』『成業《じょうごう》論』『五蘊《ごうん》論』『唯識《ゆいしき》二十《にじゅう》論』『唯識三十頌《ゆいしきさんじゅうじゅ》』などや、弥勒《みろく》や無著の著作に対する註釈書である『大乗荘厳経《だいじょうしょうごんきょう》論』『中辺分別《ちゅうへんふんべつ》論』『摂大乗《しょうだいじょう》論釈《しゃく》』など、経典の註釈書である本書や『縁起経《えんぎきょう》釈』『宝髻経四《ほうけいきょうし》法憂波提舎《ほううばだいしゃ》』『転法輪経《てんぼうりんきょう》憂波提舎』『十地経《じゅうじきょう》論』などがある。真宗七高僧の第二祖。

四一　後魏の菩提流支訳す　『浄土論《じょうどろん》』は、天親菩薩が著したものを後魏（中国南北朝時代の北朝の一。四三九―五三四）の時代に菩提流（留）支が、五二九年あるいは五三一年に訳出したとされる。菩提流支は北インドの生れで、生没年は五―六世紀頃とされる。道希などと意訳され、三蔵流支などとも呼ばれる。北魏の永平年中（五〇八―五一一）洛陽に来て永寧寺に住し、『金剛般若経《こんごうはんにゃきょう》』一巻、『入《にゅう》楞伽経《りょうがきょう》』十巻、『十地経論《じゅうじきょうろん》』十二巻、『浄土論《じょうどろん》』一巻などの経論を訳出した。

四二　無量寿経　原文は「修多羅」（二九頁）で「経」の意であるが、ここでいう「修多羅」がどの経典を指すのかという点について諸説がある。すなわち、〈浄土三部経《じょうどさんぶきょう》〉を指すという説（通申論《つうしんろん》）や『仏説阿弥陀経《ぶっせつあみだきょう》』を指すという説（小経別申《しょうきょうべっしん》論）、『仏説無量寿経《むりょうじゅきょう》』を指すという説（大経《だいきょう》別申論）、『仏説観《かん》無量寿経』を指すという説（観経《かんぎょう》別申論）、『仏説阿弥陀経』と『仏説無量寿経』を指すという説、複数の浄土経典《じょうどきょうてん》を指すという説などである。本現代語訳においては、特定の経典に限定することなく、「無量寿経」と訳しておいた。

四三　清らかな言葉は　原文は「梵声悟《ぼんしょうさと》らしむること深遠《じんのん》にして微妙《みみょう》なり（梵声悟深遠微妙）」（三〇頁）であるが、異本では「梵声の語は深遠にして微妙なり（梵声語深遠微妙）」となっている。本現代語訳においては異本によって、「清《きよ》らかな言葉《ことば》は、奥深《おくぶか》くすぐれていて」と訳しておいた。

四三　阿弥陀仏　→　三〇　阿弥陀仏

四四　すべてが等しく…ものはいない　原文は、「等《ひと》しくして譏嫌《きげん》の名《な》なし。女人《にょにん》および根欠《こんけつ》、二乗《にじょう》の種生《しゅしょう》ぜず」（三〇―三一頁）であり、阿弥陀仏の浄土には女人と根欠と二乗が存在しないと述べて、浄土が平等なさとりの世界であることを示したものである。本現代語訳では、そのことを「すべてが等《ひと》しく、そこには不快《ふかい》なそしりの名《な》はない。女《じょ》性《せい》であるとか、身心《しんしん》が不自由《ふじゆう》であるとか、また自《みずか》らのさとりだけを求《もと》めるものといったそしりを受《う》けるものはいない」と訳しておいた。このなか、「女人」とは女性のことであり、「根欠」とは眼・耳・鼻等の諸器官が不自由な人のことである。また、「二乗」とは声聞《しょうもん》・縁覚《えんがく》という小乗の行者のことで仏になれない者とされていた。

　聖典が成立した当時は、女人や根欠を卑しく劣ったものとみる社会通念が支配的であった。そうした中にあって、この教説は、浄土にはそのような差別の実体もなく、差別的な名もないという、浄土の絶対平等性をあらわすことによって、差別の社会通念を破り、すべてのものに救いをもたらそうとしたものである。

　しかし、こうした教説に用いられている表現について、聖典の真意とは異なった解釈をし、現実の差別を容認し助長してきたという歴史がある。すなわち、女性や障害者を特別な存在とみなして差別し、非難やそしりの対象とすることなどである。これらのことが現在もなお行われているのは大きな誤りであり、決して許されることではない。さらには、女性であることや障害のあることが、過去世の行いの報いであるとして差別を温存し助長することも、とうてい是認することができない。

　一切の平等を説く教えが仏教であり、阿弥陀仏の本願には、すべてのものを差別なく平等に救うと誓われている。この本願によって成就された浄土の平等性を通して、常に現実の差別を自己の問題として捉えていかなければならない。

四五　すべてが等しく…ものはいない　→　四四　すべてが等しく…ものはいない

註 六〇 法蔵菩薩 ↓ 二〇 阿弥陀仏

訳

付録

『十住毘婆沙論』『浄土論』親鸞聖人引用箇所訓点一覧

凡　例

一、本表は、親鸞聖人が『十住毘婆沙論』（易行品第九）および『浄土論』を引用した際の訓点の特徴が把握できるよう、上段に一般的な訓点を用いた『浄土真宗聖典全書』第一巻「三経七祖篇」所収の「易行品」『浄土論』に付された訓点を示し、下段に対応する親鸞聖人の主要な撰述聖教の訓点を示して対照したものである。

二、上下段に示した数字は、それぞれ『浄土真宗聖典全書』の第一巻「三経七祖篇」、第二巻「宗祖篇上」の頁数を示している。なお、『浄土三経往生文類』の広本については頁数の後に「上」を付して示した。

聖教名	「三経七祖篇」本文	聖教名	親鸞聖人の訓点
易行品① 十方十仏章 四〇八	佛法《ニ》有《リ》二无量門《ノ》一。如《シ》二世間《ノ》道《ニ》有《リ》レ難有《リ》レ易。陸道《ノ》歩行《ハ》則《チ》苦《シク》、水道《ノ》乗船《ハ》則《チ》樂《シキガ》一。菩薩《ノ》道《モ》亦如《シ》レ是《クノ》。或《イハ》有《リ》二勤行精進《ノモノ》一、或《イハ》有《リ》下以《テ》二信方便易行《ヲ》一疾《ク》至《ル》二阿惟越致《ニ》一者上。	行巻 三	佛法《ニ》有《リ》二无量門《ノ》一。如《シ》二世間《ノ》道《ニ》有《リ》レ難有《リ》レ易。陸道《ノ》歩行《ハ》則苦《シク》、水道《ノ》乗船《ハ》則樂《シキガ》一。菩薩《ノ》道《モ》亦如《シ》レ是《ノ》。或《ハ》有《リ》二懃行精進《ノモノ》一、或《ハ》有《リ》下以《テ》二信方便《ノ》易行《ヲ》一疾《トク》至《ル》二阿惟越致《ユイヲチ》一者《ノ》上。乃至
易行品② 十方十仏章 四〇八	若人疾《ク》欲《セバ》レ至《ラムト》二不退轉地《ニ》一者　應《シ》下以《テ》二恭敬心《ヲ》一執持《シテ》稱《ス》中名號《ヲ》上　若菩薩欲《セバ》下於《テ》二此身《ノ》一《ニ》得《テ》レ至《ルコトヲ》二阿惟越致地《ニ》一、成中就《セムト》阿耨多羅三藐三菩提《ヲ》上者、應《ニ》當《シ》下念《ジ》二是十方諸佛《ヲ》一、稱《ス》中其《ノ》名號《ヲ》上。如《シ》二『寶月童子所問經《ノ》』「阿惟越致品《ノ》」中《ニ》説《キタマフガ》一。	行巻 三	若人疾《ク》欲《オモハ》レ至《ラムト》二不退轉地《ニ》一者《バ》應《シ》下以《テ》二恭敬心《ヲ》一執持《シテ》稱《ス》中名號《ヲ》上。若菩薩欲《オモハ》下於《テ》二此身《ノ》一《ニ》得《エ》レ至《ルコトヲ》二阿惟越致地《ニ》一、成《ラムト》中阿耨多羅三藐三菩提《ヲ》上者《バ》、應《シ》三當《ニ》念《ズ》二是十方諸佛《ヲ》一。稱《コト》二名號《ヲ》一如《シト》二『寶月童子所問經《ノ》』阿惟越致品《ノ》中《ニ》説《ガ》一。乃至

出典	本文	出典	引文
易行品③ 十方十仏章 四一二	西方ニ善世界アリ　佛ヲ號ス二无量明ト一 身光・智慧明カニシテ　所レ炤テラス无シ二邊際一 其ノ有レバレ聞クコトレ名ヲ者　即チ得二不退轉ヲ一	行巻 二三	西方ニ善世界ノ佛ヲ號ス二无量明ト一。身光智慧明、ニシテ所レ照ロス无シ二邊際一。其レ有ルレ聞コトレ名者ノハ、即得ウト二不退轉ヲ一。乃至
易行品④ 十方十仏章 四一三	過去无數劫ニ　有シテレ佛號ス二海德ト一 是ノ諸ノ現在ノ佛　皆從ヒテレ彼ニ發セリレ願ヲ 壽命无シレ有ルコトレ量リ　光明照シテ无シレ極リ 國土甚ダ清淨ナリ　聞ケバレ名ヲ定メテ作ルレ佛ニ	行巻 二三	過去无數劫ニ有スレ佛。號ス二海德ト一。是ノ諸ノ現在ノ佛、皆從シタガテレ彼レニ發セリレ願ヲ。壽命无シレ有コトレ量。光明照シテ无シレ極リ。國土甚ダ清淨ナリ。聞テレ名ヲ定テ作ムトレ佛ニ。乃至
易行品⑤ 十方十仏章・百七仏章・弥陀章 四一三	問ヒテ曰ク、但聞キテ二是ノ十佛ノ名號ヲ一、執持シテオケバレ心ニ、便チ得レ不ルコトヲレ退セ二阿耨多羅三藐三菩提ヲ一。爲ス下更ニ有シテ二餘佛・餘菩薩ノ名一、得ト上レ至ルコトヲ二阿惟越致ニ一耶。答ヘテ曰ク、阿彌陀等ノ佛及ビ諸ノ大菩薩、稱シレ名ヲ一心ニ念ズレバ、亦得二不退轉ヲ一。更タ有シテ二阿彌陀等ノ諸佛一、亦應シ三恭敬禮拜シ、稱ス二其ノ名號ヲ一。	行巻 二四	問曰、但聞テ二是ノ十佛ノ名號ヲ一執持シテオケバレ心ニ、便チ得ウレ不ルコトヲレ退セ二阿耨多羅三藐三菩提ヲ一。爲セム下更マタ有マシテ二餘佛・餘菩薩ノ名一、得ウトレ至コトヲ二阿惟越致ニ一邪ヤ上。答曰、阿彌陀等ノ佛及諸大菩薩稱シレ名ヲ一心ニ念ズレバ、亦得コト二不退轉ヲ一如シレ是ノ。阿彌陀等ノ諸佛、亦應シ三恭敬禮拜シ稱ス二其ノ名號ヲ一。今當ニシ三具ニ説ク二无量壽佛ヲ一。

今當《ニ》二具《ニ》説《ク》一。无量壽佛・世自在王佛・師子意佛・法意佛・梵相佛・世相佛・世妙佛・慈悲佛・世王佛・人王佛・月德佛・寶德佛・相德佛・大相佛・珠蓋佛・師子鬘佛・破无明佛・智華佛・多摩羅跋栴檀香佛・持大功德佛・雨七寶佛・超勇佛・離瞋恨佛・大莊嚴佛・无相佛・寶藏佛・德頂佛・多伽羅香佛・栴檀香佛・蓮華香佛・莊嚴道路佛・龍蓋佛・雨華佛・散華佛・華光明佛・日音聲佛・蔽日月佛・琉璃藏佛・梵音佛・淨明佛・金藏佛・須彌頂佛・山王佛・音聲自在佛・淨眼佛・月明佛・如須彌山佛・日月佛・得衆佛・華生佛・梵音説佛・世主佛・師子行佛・妙

世自在王佛乃至有其餘佛是《ノ》諸佛世尊、現在十方《ノ》清淨世界《ニ》、皆稱《シ》レ名憶二念《スルコト》　阿彌陀佛《ノ》本願《ヲ》一如《シ》レ是《ノ》。若人念《ジ》レ我稱《シテ》レ名《ヲ》自《オノヅカラ》　歸《スレバ》、即入《テ》二必定《ニ》一得《ウ》二阿耨多羅三藐三菩提《ヲ》一、是《ノ》故《ニ》常《ニ》應《シト》二憶念《ス》一。以《テ》レ偈《ヲ》稱讃《セム》。

无量光明慧　身《ハ》如《シ》二眞金山《ノ》一

我今身口意《ヲシテ》　合掌《シ》稽首《シ》禮《マツルト》

乃至

法意師子吼佛・珠寶蓋珊瑚色佛・破癡愛闇佛・水月佛・衆華佛・開智慧佛・持雑寶佛・菩提佛・華超出佛・眞琉璃明佛・蔽日明佛・持大功德佛・得正慧佛・勇健佛・離諂曲佛・除惡根栽佛・大香佛・道映佛・水光佛・海雲慧遊佛・德頂華佛・華莊嚴佛・日音聲佛・月勝佛・琉璃佛・梵聲佛・光明佛・金藏佛・山頂佛・山王佛・音王佛・龍勝佛・无染佛・淨面佛・月面佛・如須彌佛・栴檀香佛・威勢佛・燃燈佛・難勝佛・寶德佛・喜音佛・光明佛・龍勝佛・離垢明佛・師子佛・王王佛・力勝佛・華齒佛・无畏明佛・香頂佛・普賢佛・普華佛・寶相佛《ナリ》。是《ノ》諸《ノ》佛世尊現《ニ》在《ス》二十方《ノ》清淨世界《ニ》一。皆稱《シ》レ名《ヲ》憶念《スベシ》。阿彌陀佛《ノ》本願《ハ》如《シ》レ是《クノ》、若《シ》人念《ジ》レ我《ヲ》稱《シテ》レ名《ヲ》自《ラ》歸《スレバ》、卽《チ》入《リテ》二必定《ニ》一得《ト》二阿耨多羅三藐三菩提《ヲ》一。是《ノ》故《ニ》常《ニ》應《シ》二憶念《ス》一。以《テ》レ偈《ヲ》稱讚《セム》。

易行品⑥　弥陀章　四一五

無量光明慧《アリ》　身《ハ》如《シ》二眞金山《ノ》一
我今身口意《ヲモテ》　合掌《シ》稽首《シ》禮《シタテマツル》
人能《ク》念《ズレバ》二是《ノ》佛《ノ》　無量力威德《ヲ》一
卽時《ニ》入《ル》二必定《ニ》一　是《ノ》故《ニ》我常《ニ》念《ジタテマツル》

行巻　二四

人能《ク》念《ズレバ》二是《ノ》佛《ノ》　無量力功德《ヲ》一
卽《ノ》時《ニ》入《ル》二必定《ニ》一　是《ノ》故《ニ》我常《ニ》念《ツル》
乃至

易行品⑦　弥陀章　四一六

若《シ》人願《ジテ》レ作《ラムト》レ佛《ニ》　心《ニ》念《ズレバ》二阿彌陀《ヲ》一
應《ジテ》レ時《ニ》爲《ニ》現《シタマフ》レ身《ヲ》　是《ノ》故《ニ》我歸二命《シタテマツル》
彼《ノ》佛《ノ》本願力《ヲ》一　十方《ノ》諸《ノ》菩薩
來《リテ》供養《シ》聽《ク》レ法《ヲ》　是《ノ》故《ニ》我稽首《シタテマツル》

行巻　二四

若人願《ジテ》レ作《ト》レ佛　心《ニ》念《ツレバ》二阿彌陀《ヲ》一
應《ジテ》レ時《ニ》爲《ニ》現《ハム》レ身《ヲ》　是《ノ》故《ニ》我歸二命《ス》
彼《ノ》佛《ノ》本願力《ヲ》一　十方《ノ》諸《ノ》菩薩《モ》
來《テ》供養《シ》聽《キク》レ法《ヲ》　是《ノ》故《ニ》我《レ》稽首《マツルト》
乃至

易行品⑧　弥陀章　四一六

若《シ》人種《ウルモ》二善根《ヲ》一　疑《ヘバ》則《チ》華不レ開《ケ》
信心清浄《ナレバ》者　華開《ケテ》則《チ》見《タテマツル》レ佛《ヲ》
十方現在佛《ノ》　以《テ》二種種《ノ》因縁《ヲ》一
歎《ジタマフ》二彼佛《ノ》功徳《ヲ》一　我今歸命《シ》禮《シタテマツル》

易行品⑨　弥陀章　四一七

乘《ジテ》二彼《ノ》八道《ノ》船《ニ》一　能《ク》度《シタマフ》二難度海《ヲ》一
自《ラ》度《シ》亦度《シタマフ》レ彼《ヲ》　我禮《シタテマツル》二自在者《ヲ》一
諸佛无量劫《ニ》　讚二揚《セムニ》　其《ノ》功徳《ヲ》一
猶尚《ナホ》不レ能《ハ》レ盡《スコト》　歸二命《シタテマツル》　清浄人《ヲ》一
我今亦如《ク》レ是《クノ》　稱二讚《ス》无量《ノ》徳《ヲ》一
以《テ》二是《ノ》福《ノ》因縁《ヲ》一　願《クハ》佛常《ニ》念《ジタマヘ》レ我《ヲ》

浄土論①　四三三

我依《リテ》二修多羅《ノ》　眞實功徳相《ニ》一
説《キテ》二願偈《ヲ》一總持《シ》　與二佛教一相應《セム》

行巻　二四

若人種《ウエテ》二善根《ヲ》一　疑《ヘバ》則華不《ズ》レ開
信心清浄《ナル》者《ノハ》　華開《テ》則見《ツル》レ佛《ヲ》
十方現在佛《ノ》　以《テ》二種種《ノ》因縁《ヲ》一
嘆《ジタマフ》二彼佛《ノ》功徳《ヲ》一　我今歸命禮《シマツルト》　乃至

行巻　二四

乘《ジテ》二彼《ノ》八道《ノ》船《ニ》一　能《ク》度《ス》二難度海《ヲ》一
自《ミ》度《シ》亦度《セム》レ彼《レヲ》　我禮《ツル》二自在人《ヲ》一
諸佛无量劫《ニ》　讚二揚《ヤウセムニ》《アグ》　其《ノ》功徳《ヲ》一
猶-尚《ナホ》不《ジ》レ能レ盡《コト》　歸二命《マツル》　清浄人《ヲ》一
我今亦如《シ》レ是《ノ》　稱二讚《ス》无量《ノ》徳《ヲ》一
以《テ》二是《ノ》福《ノ》因縁《ヲ》一　願《ハ》佛常《ニ》念《ジタマヘト》レ我

行巻　二五

我依《テ》二修多羅眞實功徳相《ニ》一、説《テ》二願偈總《スベテ》持《ヲ》一與《ト》二佛教一相應《セリト》。

愚禿鈔　二九〇

我依《レテ》二修多羅　眞實功徳相《ニ》一
説《トク》二願偈總持《ヲ》一　與《ト》二佛教一相應《セリトノタマヘリ》

浄土論② 四三五	云何《ガ》廻向《スル》。不《シテ》レ捨《テ》二一切苦惱《ノ》衆生《ヲ》一、心《ニ》常《ニ》作《シ》レ願《ヲ》、廻向《ヲ》爲《ス》レ首《ト》。得《ムトスルガ》三成二就《スルコトヲ》大悲心《ヲ》一故。
浄土論③ 四四一	菩薩如《ク》レ是《クノ》善《ク》知《リテ》二廻向《ヲ》一成就《スレバ》、即《チ》能《ク》遠二離《ス》三種《ノ》菩提門相違《ノ》法《ヲ》一。
略典 二六三	我《レ》依《ヨテ》二修多羅眞實功德相《ニ》一、說《トク》二願偈《ゲ》總《ソウ》持《ヲ》一、與《ト》二佛敎一相應《セリ》。
行巻 二八	云何《ガ》廻向《スル》。不《ズシテ》レ捨二一切苦惱《ノ》衆生《ヲ》一、心《ニ》常《ニ》作願《スラク》、廻向《ヲ》爲《シテ》レ首《ト》得《タマヘルガ》三成二就《コトヲ》大悲心《ヲ》一故《ヘニトノタマヘリ》。
信巻 八八	云何廻向《シタマヘル》。不《ズシテ》レ捨《テ》二一切苦惱《ノ》衆生《ヲ》一、心《ニ》常《ニ》作願《スラク》、廻向《ヲ》爲《シテ》レ首《ト》得《エタマヘルガ》三成二就《コトヲ》大悲心《ヲ》一故《ニトノタマヘリ》。
三経往 五八五上	云-何《いかんが》廻《ゑ》向《かうしたまへる》。不《ずして》レ捨《すて》二一切苦惱《くなうの》衆生《を》一、心《に》常《つねに》作《さ》-願《すらく》、廻《ゑ》向《かうを》爲《して》レ首《しゆと》得《えたまへるが》レ成二-就《じやうじゆすることを》大悲心《を》一故《ゆへにとのたまへり》。
証巻 一四六	障菩提門者《ハ》、菩薩如《キ》レ是善知《クレバ》二回向成就《シタマヘルヲ》《ツクナル》一、即能《ク》遠二離《スルナリ》三種《ノ》菩提門相違《ノ》《タガフ》法《ヲ》一。

浄土論④ 四一	三者依《リテ》二方便門《ニ》一憐二愍《スル》一切衆生《ヲ》一心《ナリ》。遠下離《スルガ》供二養《シ》恭三敬《スル》自身《ヲ》一心《ヲ》上故《ナリ》。	証巻 一四七	三者依《レリ》二方便門《ニ》一。憐《アハレミ》二愍《シタマフ》一切衆生《ヲ》一心《ナリ》。遠下離《セルガ》供二養《シ》恭三敬《スル》自身《ヲ》一心《ヲ》上故《ニトノタマヘリ》。
浄土論⑤ 四一	菩薩《ハ》遠二離《シテ》如《キ》レ是三種《ノ》菩提門相違法《ヲ》一、得《ルガ》下三種《ノ》隨二順《スル》菩提門《ニ》一法満足《ヲ》上故《ナリ》。	証巻 一四七	順菩提門者《トハ》、菩薩《ハ》遠二離《シテ》如《キ》レ是三種《ノ》菩提門相違法《ヲ》一、得《タマヘルガ》二三種《ノ》隨順菩提門法満足《スルコトヲ》一故《ニ》。
浄土論⑥ 四二	此《ノ》三種《ノ》心《ハ》略《シテ》二一處《ニ》一成二就《ス》妙樂勝眞心《ヲ》一、應《シ》レ知《ル》。	証巻 一四八	此《ノ》三種《ノ》心《ハ》略《シテ》一處《ニシテ》、成二就《シタマヘリト》妙樂勝眞心《ヲ》一、應《トノタマヘリ》レ知《ル》。
浄土論⑦ 四二	如《ク》レ是《クノ》菩薩《ノ》智惠心《ハ》、方便心、无障心、勝眞心《ヲモテ》、能《ク》生《ズ》二清淨佛國土《ニ》一、應《シ》レ知《ル》。	証巻 一四九	如《キ》レ是菩薩《ハ》智慧心・方便心・无障心・勝眞心《ヲモテ》、能《ク》生《シメタマヘリト》二清淨佛國土《ニ》一、應《トノタマヘリ》レ知《ル》。
浄土論⑧ 四二	是《ヲ》名《ク》下菩薩摩訶薩隨二順《シ》五種《ノ》法門《ニ》一、所作隨《ヒテ》レ意《ニ》自在《ニ》成就《スト》上。	証巻 一四九	是《ヲ》名《ク》下菩薩摩訶薩、隨二順《シテ》五種《ノ》法門《ニ》一、所作隨《テ》レ意《ニ》自在《ニ》成就《シタマヘリト》上。

浄土論⑨ 四三	復有《リテ》二五種《ノ》門一漸次《ニ》成二就《ス》五種《ノ》功徳《ヲ》一、應《シ》レ知《ル》。	証巻 一四九	復有《テ》二五種《ノ》門一、漸次《ヤウヤク》《ニ》成二就《シタマヘリト》五種《ノ》功徳《ヲ》一、應《シト》レ知《ル》。
浄土論⑩ 四三	此《ノ》五種《ノ》門《ハ》、初《ノ》四種《ノ》門《ハ》成二就《シ》入《ノ》功徳《ヲ》一、第五門《ハ》成二就《ス》出《ノ》功徳《ヲ》一。	証巻 一五〇	此《ノ》五種《ノ》門《ハ》、初《ノ》四種《ノ》門《ハ》成二就《シタマヘリ》入《ノ》功徳《ヲ》一、第五門《ハ》成二就《マヘリトノタマヘリ》出《ノ》功徳《ヲ》一。
浄土論⑪ 四三	入第一門《ト》者、以《テノ》下禮二拜《シ》阿彌陀佛《ヲ》一、爲《スヲ》上レ生《ゼムトノ》二彼國《ニ》一故《ニ》、得《レ》生《ズルコトヲ》二安樂世界《ニ》一。是《ヲ》名《ク》二入第一門《ト》一。	証巻 一五〇	言二入第一門《ト》一者、以《ノ》下禮二拜《シテ》阿彌陀佛《ヲ》一、爲《ニスルヲ》上レ生《ゼシメムガ》二彼《ノ》國《ニ》一故《ニ》、得《エシム》レ生《コトヲ》二安樂世界《ニ》一。是《ヲ》名《ク》二第一門《ト》一。
浄土論⑫ 四三	入第二門《ト》者、以《テノ》下讚二歎《シ》阿彌陀佛《ヲ》一、隨二順《シテ》名義《ニ》一稱《シ》二如來《ノ》名《ヲ》一、依《リテ》二如來《ノ》光明智相《ニ》一修行《スルヲ》上故《ニ》、得《レ》入《ルコトヲ》二大會衆《ノ》數《ニ》一。是《ヲ》名《ク》二入第二門《ト》一。	証巻 一五〇	入第二門者《ハ》、以《ノ》下贊二嘆《シ》阿彌陀佛《ヲ》一、隨二順《シテ》名義《ニ》一稱《セシメ》二如來《ノ》名《ヲ》一、依《テ》二如來《ノ》光明智相《ニ》一修行《セルヲ》上故《ニ》得《シム》レ入《コトヲ》二大會衆《ノ》數《ニ》一。是《ヲ》名《クトノタマヘリ》二入第二門《ト》一。

浄土論⑬ 四三

入第三門者《ト》、以《テ》下一心専念作《ニ》二願生《シ》レ彼《ゼムト》ニ、修《スルヲ》中奢摩他寂静三昧行《ノヲ》上故、得《ニ》レ入《ルコトヲ》二蓮花蔵世界《ニ》一。是名《ヲク》二入第三門《ト》一。

浄土論⑭ 四三

入第四門者《ト》、以《テノ》下専念観《ニ》二察彼妙莊嚴《ヲ》一、修《スルヲ》中毗婆舎那《ヲ》上故、得《ニ》下到《リテノ》二彼所《ニ》一受《スルコトヲ》中用種種法味樂《ノヲ》上。是名《ヲク》二入第四門《ト》一。

浄土論⑮ 四三

菩薩《ハノ》入四種門《ヲモテ》 自利行成就《ノス》、應《シ》レ知《ル》。

浄土論⑯ 四三

菩薩《ハノ》出第五門《ノ》廻向《ヲモテ》 利益他行成就《ノス》、應《シ》レ知《ル》。

証巻 一五〇

入第三門者《ハ》、以《ノ》三一心専念作《ニ》願、生《シテ》レ彼《ジテコニ》修《ヲ》二奢摩他寂静三昧行《ノヲ》一故得《ニシム》レ入《コトヲ》二蓮華藏世界《ニ》一。是名《ヲク》二入第三門《ト》一。

証巻 一五〇

入第四門者、以《ノ》下専《ニ》二念観《シ》三察《シテノ》 彼妙莊嚴《ヲ》一、修《セシムルヲ》中 毗婆舎那《ヲ》上故得《ニテ》レ到《コトヲノ》二 彼所《ニ》一、受《セシム》二用《ノ》 種種法味樂《ヲ》一。是名《ヲトノタマヘリ》二 入第四門《ト》一。

行巻 三五

菩薩入《ハテ》二四種門《ノニ》一自利行成就《ノ》、《シタマヘリト》應《シ》レ知《ル》。

行巻 五一

菩薩入《ハテ》二四種門《ノニ》一自利行成就《ノ》、《シタマヘリト》應《シ》レ知《ル》。

行巻 三五

菩薩出《ハテ》二第五門《ニ》一回向利益他行成就《ノ》、《シタマヘリト》應《シ》レ知《ル》。

浄土論⑰ 四三

菩薩《ハ》如《ク》レ是《ノ》修《シテ》二五念門《ノ》行《ヲ》一自利利他《ス》。速《ニ》得《ル》三成二就《スルコトヲ》阿耨多羅三藐三菩提《ヲ》一故《ナリ》。

行巻 五一

菩薩《ハ》出《テ》二第五門《ニ》一廻向利益他《ノ》行成就《シタマヘリト》、應《シ》レ知《ル》。

行巻 二五

菩薩《ハ》如《ク》レ是《ノ》修《シテ》二五門《ノ》行《ヲ》一自利利他《シテ》速《ニ》得《タマヘルガ》三成二就《コトヲ》阿耨多羅三藐三菩提《ヲ》一故《ニト》。

行巻 五一

菩薩《ハ》如《キ》レ是《ノ》修《シテ》二五門《ノ》行《ヲ》一、自利利他《シテ》、速《ニ》得《タマヘルガ》三成二就《コトヲ》阿耨多羅三藐三菩提《ヲ》一故《ニ》。

インド仏教史蹟略図

カピラヴァストゥ
（ティラウラコート）
ルンビニー
（ピプラーワー）
シュラーヴァスティー
〔祇園精舎〕
〔舎衛城〕
（バルランプル）
ラプティ河
（カトマンドゥ）
（ラクノー）
ゴーグラ河
（ゴーラクプル）
クシナガラ
ガンダキ河
ヴァイシャーリー
〔鹿野苑〕
（サールナート）
カウシャーンビー
ヴァーラーナシー
（ベナレス）
ヤムナー河
ガンジス河
パータリプトラ
（パトナ）
ナーランダ
ラージャグリハ
〔王舎城〕
（ラージギル）
（ガヤー）
ブッダガヤー
ナイランジャナー河
〔尼連禅河〕
ソーン河
（パキスタン）
インダス河
（デリー）
（マトゥラー）
（ネパール）
チベット高原
ルンビニー
（カトマンドゥ）
クシナガラ
（サールナート）
ヴァーラーナシー
（ベナレス）
ブッダガヤー
ガンジス河
ナルマダー河
（コルカタ）
マハーナディー河
アジャンター
（ムンバイ）
エローラ
ゴーダーヴァリー河
デカン高原
クリシュナ河
（ハイデラバード）
アマラーヴァティー
ナーガールジュナコンダ
アラビア海
ベンガル湾
（チェンナイ）
（スリランカ）
（コロンボ）

浄土真宗聖典（現代語版）の刊行にあたって

一、現代語版の刊行について

現代においては、科学技術の急速な発達とともに、価値観も多様化してきました。いま個人の尊厳が重視される一方で、人々は自らの内にこころを閉す傾向にあります。このような時代の中、仏教の果す役割は大きいといわねばなりません。いついかなる時代にも、人々を導くのは真実の教えであり、私たちに真実を開顕し伝えてきたものが聖典です。真実の教えは、時代に即応した表現により、そのこころが正しく伝えられることが求められます。

浄土真宗本願寺派では、昭和五十七年（一九八二）より、第二期宗門発展計画を起点として、浄土真宗において依りどころとされる聖典の編纂事業を推進し、すでに原典版聖典および註釈版聖典を刊行してきました。そしてこのたびこれらの成果をもとに、現代語版を刊行することになりました。

原典版聖典は、定評のある善本を底本として忠実に翻刻し、諸種の重要な異本等を用いて文献学的に厳密な校異を行ったもので、各種聖典の文字通り原典となるものです。また註釈版聖典は、原典版聖典の底本に基づきながら、現在の学問的水準を考慮して、正しく理解できるように各種の註釈を加えた聖典です。

そしてここに刊行する現代語版は、原典版聖典、註釈版聖典の編纂の姿勢を踏まえつつ、時代に即応した表現をとり、真実の教えが現代のひとりでも多くの人々に正しく伝わるように現代語訳されたものです。そのため、難解な専門用語を用いることは避け、やむをえない場合には脚註を付し、解釈の分れるような場合には訳註を付すなどの措置を講じました。また、現代の人々に、より親しみやすく、広く用いていただけるよう、本文のすべての漢字に振り仮名をつけ、文字の大きさなどにも配慮して、できるだけ読みやすいものになるようにつとめました。この現代語版を通して、親鸞聖人《しんらんしょうにん》をはじめ浄土の真実の教えを明らかにされた方々のおこころにふれていただければ幸いです。

この現代語版の発刊によって、聖教がひろく人々に親しまれることを望むものであります。

二、聖典の拝読について

仏の教えは、それが現実の社会のなかで説かれ、伝えられる以上、その時代、その社会の人々の思想や生活と無関係に説かれるものではありません。したがって、それぞれの時代や社会の特異性を反映しています。ただ、そうした特異性に埋没することなく、時代を超えて人々に真実を知らせ、苦悩からの救済を教え示してきたのが仏教の聖典であります。その意味において、伝承されてきた聖教をうかがう場合には、それが成立した当時の時代背景、思想との深いかかわりがあり、その表現やあるいは内容には歴史的、社会的な影響があることを考慮して、その聖典のあらわそうとしている本旨を正しくとらえるように留意しなければなりません。

親鸞聖人が聖典拝読にとられた姿勢は、聖典の文言を重んじながらも、根源的には「義に依りて文に依らず」という大乗仏教の基本姿勢にならわれたものでした。すなわち聖典の言葉、文章を大切にし、あくまでその文に立脚しながらも、単にその表現だけにとどまらず、如来の大悲をこころとして、言葉に込められた深い意味を理解するようにつとめ、選択本願《せんじゃくほんがん》の仏意をより明らかにしようとされたのです。私たちも、親鸞聖人のこの姿勢にならって聖典を拝読するようつとめるべきであります。

浄土真宗においては、江戸時代以降、多くの宗学者が聖典の解釈研究に取り組み、すばらしい成果をおさめてきました。しかし、それぞれの時代や社会体制の制約もあり、その中には今日からみて不適当と考えられるような解釈も見受けられます。したがって、この現代語版は、伝統的な解釈を十分尊重しながら、新しい研究成果を加味して、浄土真宗の本義を明らかにしようと意図しました。ことに、私たちの教団が同朋《どうぼう》運動の歴史のなかで確認してきた視点に立って、この現代語版においては、特に留意すべき箇所について訳註のなかで示しました。いうまでもなく、今回の出版において現代語版の編纂が完成したということではありません。今後もひろく諸賢のご批判、ご助言をいただきながら、改訂を重ねて、つねに時代に即したものとなるようにしていきたいと考えています。

聖典の拝読を通して、真実によびさまされ、人生を歩んでいく大きな力を得られますよう念願してやみません。

令和五年三月

浄土真宗本願寺派総合研究所
教学伝道研究室〈聖典編纂担当〉

浄土真宗聖典
十住毘婆沙論　浄土論
――現代語版――

二〇二三年五月二十一日第一刷発行

編纂　浄土真宗本願寺派総合研究所
教学伝道研究室〈聖典編纂担当〉

発行者　浄土真宗本願寺派

発行所　本願寺出版社
〒六〇〇―八五〇一
京都市下京区堀川通花屋町下ル
浄土真宗本願寺派宗務所
電話（〇七五）三七一―四一七一番

印刷所　大村印刷株式会社

ISBN 978-4-86696-042-5

MO02-SH1-①50-32